JN412136

코스모스를 노래하다

강순자 수필집

코스모스를 노래하다

초판1쇄 발행 2025년 8월 8일

지은이 강순자
펴낸이 이길안
펴낸곳 세종출판사

주소 부산광역시 중구 흑교로 71번길 12 (보수동2가)
전화 051－463－5898, 253－2213~5
팩스 051－248－4880
전자우편 sjpl5898@daum.net
출판등록 제02-01-96

ISBN 979-11-5979-788-0 03810

정가 14,000원

강순자 수필집

세종출판사

책머리에

2016년 어느 화창한 봄날 아침, 집 가까이 있는 금강공원을 산책하고 있었다. 벚꽃은 흐드러지게 피었고 목련도 새악시 같은 자태로 활짝 웃고 있었다. 봄꽃에 취해 걷고 있는데 휴대폰에 문자가 들어오는 소리가 들렸다. 열어보니 공무원 연금공단에서 '자서전 쓰기'를 개강한다는 알림이었다. 5월 30일에 시작하여 10월 31일까지 주 1회로 20차 강의였다.

내가 무슨 자서전을 쓰나? 무슨 유명인사라도 되는가? 나에겐 상관없는 일이라는 생각이 들었다. 얼마 전에는 우리 교회에서 열었던 <문예교실>에서 글쓰기를 배우기는 했으나 나는 열매를 거두지 못했다. 남편은 이번 기회에 다시 시작하여 흘러간 이야기들을 불러 모으라고 권했다. 어렵다고 생각하지 말고 가까운 친구에게 이야기하듯 한 글자 한 문장을 적어가면 한편의 글이 될 수 있다는 것이다.

내게도 할 이야기는 있을 것 같아 용기를 내어 수강 신청을 했다. 개강하는 날, 좌천동 상록회관 10층 '연금 가족 아카데미'에는 30여 명의 지원자가 모였다. 지도교수는 부경대학교 박양근 교수님과 김정화 선생님. 교재도 받고 '내가 나에게 길을 묻다'라는 주제로 공부를 시작했다. 선생님은 수필처럼 쓰면 자서전이 된다고 말했다. 한참 글쓰기 공부를 하다가 '내 글을 누가 읽어 볼 거라고?' 하면서 다시금 뒷걸음질 생각이 들었으나 열심히 하는 동료들을 보며 마음을 다잡았다.

선생님의 강의를 들으면서 조금씩 생각이 열리고 재미를 느끼기 시작했다. 김 교수님도 우리의 글을 첨삭해주며 자상하게 지도해 주었기에 나는 한편의 글을 쓸 수 있게 되었다. 그래도 글쓰기는 여전히 어려운 작업이었다. 글쓰기는 자기를 돌아보는 시간이었다. 한 번도 대면하지 못했던, 웅크리고 있던 자아와 마주치는 순간, 당황스럽고 부끄럽고 혼란스러웠다. 그동안 묻어두었던 가슴 뻐근한 기억들, 지금은 아련한 그리운 시절의 이야기, 여기까지 걸어온 길을 되돌아보니 감회가 새로웠다.

마침내 마지막 수업을 마치고 그동안 써온 수강생들의 글을 한편씩 모아 『내가 나에게 길을 묻다』라는 문집도 만들어주었다. 내가 쓴 글이 들어간 책이 나오다니! 생각하면 내가 살아왔고 살아가는 모든 것은 주님의 은혜였다. 나는 누구인가? 오늘도 나는 길을 묻는다. 길을 묻는 것은 인생을 살아가는 하나의 방법이 아닐까? 해방둥이인 내가 벌써 팔순을 맞았다. 그동안 써 놓은 글들을 한데 모아 조그만 책으로 펴낸다. 돌아보면 기쁘고 즐겁고 슬프고 보람찬 날들–묻어두어야 할 부끄러운 흔적들을 '자서전 쓰기'의 핑계로, 팔순이란 나이를 앞세워 여기에 옮겨 놓는다.

2025년 7월 10일

강순자

차례

제1부

제2부

제3부

제1부

봄이 오는 소리

돌 돌 돌! 어디서 이런 소리가 날까? 가만히 귀 기울여보니 내가 걷고 있는 길옆의 작은 도랑에서 나는 소리였다. 걸음을 멈추고 개울을 들여다보니 도랑을 덮은 얼음 아래로 올챙이 같은 것들이 고물고물 줄지어 내려가는 모습이 보인다. 자세히 보니 얼음이 녹아서 흐르는 물이 고물거리며 소리를 내고 있었다. 지난주일 남편과 함께 황매교회에 갔을 때의 일이다.

예배를 드리고 성도들과 함께 점심을 먹고 오후 예배도 마치고 나서 상쾌한 공기를 맛보려고 우리는 산책길에 나섰다. 참으로 오랜만에 와보는 산청이다. 어제까지만 해도 매서운 겨울 날씨였는데 오늘은 정말 화창하고 포근했다. 나는 5월이면 철쭉꽃이 만발하는 황매산을 떠올리며 비탈길을 걸어 올라갔다. 올라갈 때는 오르는 일에 열중하느라고 미처 듣지 못했는데 내려오는 길에 봄이 흘러내리는 소리를 들은 것이다. 아, 이게 봄이 오는 소리로구나! 한참 내려오다 보니 얼음 아래로 냇물이 제법 콸콸 소리를 내면서 흘러내리고 있었다. 봄이 완연해지는 모양이다.

황매교회는 우리들의 마음이 있는 곳이다. 10여 년 전의 일이다. 지리산 자락 산청의 작은 교회에서 목회하는 후배 목사님을 만나서 황매산 자락을 둘러볼 때였다. 한적한 길가에 자리 잡은 오두막 같은 작은 교회가 우리의 마음을 끌어당겼다. 어쩌면 그곳에 잃어버린 우리 고향이 있을 것 같았다. 그 낡은 교회는 오랫동안 성도들의 간절한 기도와 우리들의 마음을 담아 이제는 아담한 새 예배당이 건축되었다. 그래도 그 교회는 여전히 옛날의 정취와 정감이 서려 있었다. 남편과 나는 이러한 황매교회가 보고파 시간이 나면 달려가 사랑이 넘치는 성도들과 함께 예배를 드린다. '황매교회'라는 이름은 내게 마치 봄이 오는 교회라는 말처럼 들린다.

오늘도 나는 어김없이 봄바람이 불어오는 금강공원으로 산책을 나섰다. 날씨가 제법 따스해졌다. 여기저기서 새들의 노랫소리가 요란하게 들린다. 새소리는 걸음을 옮길 때마다 다르게 들리기도 했다. 새들도 따스해진 날씨가 즐거워 다른 친구들을 부르고 있는 모양이다. 길옆의 나무들도 봄기운을 받아 연녹색의 옷을 갈아입을 채비를 하고 있었다. 이제 봄이 오는 소리를 귀로 듣고 눈으로 보고 마음으로 느끼게 된다. 지난겨울은 유난히도 추웠고 공원 연못은 꽁꽁 얼어붙었다. 그러나 이제 얼음이 녹은 연못에는 겨우내 꼼짝하지 않고 있던 물고기들이 자유로이 놀고 있었다.

열심히 팔을 흔들며 걷고 있는데 어디서 갑자기 까르르 웃음소리가 들렸다. 고개를 돌려보니 길옆의 작은 평상에 나이 지긋한 아줌마 대여섯 명이 둘러앉아 웃고 있었다. 무슨 이야기가 저렇게 재미가 있을까? 활짝 웃을 때는 모두가 소녀처럼 보인다. 내 소녀 시절 친구들과 기차여행을 할 때였다. 무슨 이야기 끝에 우리들이 웃고 있으니까 앞자리에 앉은 할머니가 말했다. "저 나이 때는 말똥 굴러가는 것을 보아도 웃지!" 우리는 그 말이 너무 우스워서 배꼽을 잡고 웃었다. 한참이나 웃음이 그쳐지지 않아 얼마나 애를 먹었는지 모른다.

금강공원 입구에는 학생들이 재잘거리며 놀고 있었다. 졸업했거나 봄방학을 한 친구들과 나들이를 나온 모양이다. 아이들은 걷기도 하고 뛰기도 하면서 즐거운 시간을 보내고 있었다. 새로 맞이할 새 학년의 선생님과 친구들을 기대하면서 좋은 꿈들을 꾸고 있겠지.

어제는 봄방학이라 손주들이 우리 집에 놀러 왔다. 남편과 나는 아이들의 통지표를 자세히 읽어보고 축하하고 또 당부도 했다. 손주들의 새 학년이 시작되는 3월이 기다려진다. 아이들은 하루가 다르게 자라는 것 같다. 내가 금요일의 합창 모임에 나갔다가 돌아오니 손녀 상유가 할아버지와 함께 집 안을 깨끗이 청소해놓았다. 내 화장대의 흐트러진 화장품들도 종류별로 가지런히 정돈되어 있었다. 너무도 기특하여 나는 상유를 꼭 안아주었다.

3학년으로 진급하는 손녀는 이번 주말에 있을 피아노 콩쿠르를 위하여 열심히 연습하고 있다. 좋은 성적을 얻어서 피아노 치는 일에 자신감을 갖게 되기를 기대한다. 작년에는 제 오빠가 피아노 콩쿠르에서 우수상을 받고 기뻐하면서 모든 일에 자신감을 갖는 것을 보았다. 봄이 오는 소리는 겨우내 움츠린 사람들에게 새 삶을 시작하도록 자신감을 불어넣는 소리인지도 모른다. 손녀도 연습하는 피아노 소리로 더욱 자신감을 얻고 무럭무럭 자랐으면 싶다. 머지않아 연초록 새싹이 돋아나고 잎이 피고 꽃들도 앞다투어 피어나리라. 길가 벚나무들이 연분홍 물결을 이룰 날이 기다려진다. (2011.2)

여름의 끝자락에

내일모레면 8월이 끝나가는 데도 더위는 가실 줄을 모른다.

아무래도 시원한 바다에서 더위를 날려야 할 것 같다. 남편과 나는 해수욕장을 찾아가기로 했다. 여기저기 검색하다가 거제도 와현 해수욕장에서 며칠 쉬기로 하고, 8월 28일 월요일 아침에 느긋한 마음으로 네비게이션을 따라 해수욕장을 찾아갔다. 바닷물이 차지는 않을까 염려가 되었지만 햇볕이 강열해서 괜찮을 거라는 생각을 하면서 차를 몰았다.

해수욕장은 아주 조용했다. 주변에는 호텔도 있고 펜션도 여러 곳이 있었다. 우리는 먼저 숙소를 찾았다. 해수욕장 끝자락에 아담하고 깨끗한 곳을 찾아 짐을 내렸다. 블루비치 펜션이다. 마음씨 좋아 보이는 주인아저씨는 친절하게 이웃에 있는 식당도 안내해주었다. 먼저 그곳에서 점심을 먹고 수영복을 갈아입고 해수욕장으로 내려갔다. 사람들이 더러 있는데도 해수욕장은 시설을 철거하고 있었다. 일꾼들이 텐트를 걷고, 바퀴가 큰 트랙터에 텐트와 탁자와 의자들을 싣고 어디론가로 오가고 있었다. 어느 현수막에는, 해수욕장은 폐쇄되었으며 바다 경찰은 철수하니 모든 안전은 본인이 책임지라는 글씨가 씌어있었다. 그래도 아직 8월이 며칠 남았는데 너무한다는 생각이 들었다.

바닷물은 수영하기에 딱 알맞았고 부드러운 파도가 우리를 반겨주었다. 하늘은 푸르고 흰 구름이 자유로이 떠 있다. 얼마 전에 다녀온 뉴질랜드의 파란 하늘이 떠올랐다. 바닷물에는 젊은 커플들이 몇몇 재미있게 장난을 치면서 놀고 있었고, 조용해서 아주 좋았다.

우리는 마음껏 이 시간을 즐기며 행복을 맛보았다. 나는 헤엄을 잘 칠 줄 모르므로 남편은 내 손을 잡고 내가 헤엄칠 수 있도록 도와주었다. 나는 인력거를 타고 가는 것처럼 재미있어했다. 그렇게 해가 지도록 바다에서 놀다가 숙소로 돌아와 식당에서 회정식으로 맛있는 저녁을 먹었다. 베란다에 나와서 내다본 해수욕장의 야경은 화려했다. 누군가가 불꽃놀이를 하고 있었다. 풀벌레 소리가 요란하게 들리고 하늘에는 반달이 한가로이 떠있다. 야경이 너무 밝아서 별이 잘 보이지 않은 것이 좀 아쉬웠다. 잠자리에서는 낮에 너무 열심히 놀아서 온몸이 아프고 결려서 잠을 설쳤다.

다음 날은 주인아저씨의 안내로 <지심도>를 둘러보고, 또 물회를 잘한다는 강성횟집을 찾아가기로 했다. <파도 소리 벗 삼아 즐기는 낭만의 걷기 여행,

지심도 둘레길. 전국에서 걷고 싶은 길, 17선에 선정> 안내서를 받았다.

안내서에 따라 먼저 장승포에 있는 지심도 터미널을 찾아 나섰다.

<원시림을 그대로 간직한 자연휴양림> "산과 바다가 어우러지는 천혜의 자연휴양림, 쉼과 여유가 있는 곳 동백섬 지심도"라고 소개된 책자를 받았다. 지심도는 하늘에서 내려다보면 섬의 생긴 모양이 마음 심 자를 닮아 지심도라 불리고 있다고 한다. 섬에는 어디를 가나 동백숲을 이루고 있어 동백섬이라 불리기도 한단다.

10시 30분에 출발하고 12시 50분에 돌아오는 왕복 승선권을 구입하고 배에 올랐다. 20여 분 동안 넘실대는 바다 위로 지심도에 도착했다. 배에서는 지심도 오디오 가이드 앱을 안내받았다. 지심도 선착장에 도착하고 오디오 가이드 앱을 켜고 이어폰을 꽂고 지심도 일주에 나섰다. 각 지점에 도착하면 오디오에서 멋진 안내가 시작되었다. 참으로 잘 준비

된 오디오 앱이었다.

일주도로를 따라 걸음을 옮긴다. 일제 강점기 때에 만들어진 포진지와 탄약고, 방향 지시 석등을 둘러보며 일제의 그 악랄함에 다시 한번 치를 떨었다. 어쩌면 일제는 이곳 작은 섬에까지 와서, 그렇게 우리나라를 삼킬 만반의 준비를 하고 욱일승천기를 달았다고 한다. 이제 그 게양대에는 우리의 태극기가 힘차게 휘날리고 있었다.

지심도를 한 시간 반가량 둘러보고 다시 배를 타고 나와서 점심을 위해 강성횟집을 찾아갔다. 그곳에는 많은 차들이 주차를 기다리고 손님들은 자리가 나기를 기다리고 있었다. 우리도 주차하고 번호표를 받고 기다리면서 주변을 둘러보았다. 차례가 되어 자리에 앉아서 물회를 먹었는데 어찌나 시원하고 맛있었는지 지금도 입맛을 다시게 한다. 종업원들이 친절하고 음식도 좋아서 이렇게 사람들이 많이 오는가 보다. 다음에 기회가 되면 아이들과 함께 와보고 싶어지는 곳이다.

오후에 또 바다에 나와서 물놀이를 하고, 따끈한 모래밭에서 모래찜질도 했다. 이렇게 여유로운 시간에 남편을 온전히 모래로 덮어보기는 처음인 것 같다. 다음날도 또 바다에서 물놀이하고 아쉬움을 달래며 집으로 돌아왔다. (2017.8)

코스모스를 노래하다

얼마 전에 새집으로 이사를 하고 집안 정리를 하느라고 가을 정취를 맛볼 여유를 갖지 못해서 아쉬워하고 있었다. 그러던 차에 며칠 전 <부산시보>를 읽다가 그 지면에 활짝 핀 코스모스를 보았다. 삼락공원에 코스모스가 피었다는 기사였다. 나는 코스모스만 보면 가슴이 설렌다. 그래서 남편을 졸라 코스모스 구경을 가자고 했다. 우리는 해 질 무렵 차를 몰고 삼락공원으로 갔다. 그곳에는 많은 사람이 몰려와 가을을 즐기고 있었다. 길게 뻗은 공원길의 한편으로 코스모스가 활짝 피어 바람에 한들거리며 사람들의 눈길을 사로잡고 있다. 길 반대편에는 갈대와 억새가 한데 어우러져 가을 정취를 한껏 뽐내고 있었다.

나는 잘 꾸며진 가을 길을 걸으며, 먼 옛날 학창 시절 한새벌 들판에 가득 핀 코스모스를 떠올렸다. 그 코스모스 들판은 우리들의 이야기가 피어나던 낭만의 자리였다. 친구들과 멋진 포즈를 취하며 사진도 찍고 노래를 부르며 재미있게 지내던 곳이 그 코스모스 꽃밭이다. 그곳에서 시간 가는 줄 모르고 이야기를 나누며 우정을 꽃피우던 것이 엊그제 같은데 그 시절이 지난 지가 벌써 사오십 년이 가까워온다.

한새벌! 그 말만 들어도 가슴이 설레는 곳이다. 그런데 얼마 전에 학교 앞에서 친구들을 만날 일이 있어서 모교에 갔다가 너무나도 많이 변해버린 모습에 가슴이 멍멍했다. 이제는 들판이라기에는 너무도 어울리지 않는 건물들이 빼곡히 들어찬 도시가 되어있었다.

우리 대학이 있는 그때의 한새벌 들판은 겨울이면 유난히도 바람이 거세었다. 그래서 더욱 가을의 코스모스가 그리웠는지 모른다. 그 후로도 나는 코스모스만 보면 가슴이 설레고 옛 생각이 절로 떠오르곤 했다. 그럴 때마다 나는 코스모스에 관한 노래를 많이도 불렀다.

'달 밝은 하늘 밑, 어여쁜 네 얼굴. 달나라 처녀가 너의 입 맞추고…'

'코스모스 한들한들 피어 있는 길, 향기로운 가을 길을 걸어갑니다…'

작년 추석 연휴에는 남편이 잘 아는 후배 목사님을 만나기 위해 산청에 갔었다. 그 목사님은 졸업을 앞두고 지리산자락의 단기선교에 참여했다가 지리산 지역을 복음화하려는 마음을 품게 되었고, 졸업하고 지리산으로 들어가 지금까지 30여 년간 그곳에서 목회하고 있다. 그곳에는 '지리산 동지회'라는 조직으로 산골 마을을 위해 헌신하는 여러 목사님이 있다고 한다. 나는 그 목사님과 사모님을 만나볼 때마다 부러움과 부끄러움을 느꼈다. 목사님은 사명감으로 그곳에서 목회하시지만 사모님은 젊은 나이에 아이들 교육 문제도 있었으련만 목사님을 따라 사역에 동참하는 모습을 보면서 얼마나 많은 기도가 있었을까 하는 생각이 들었다. 목사님 내외는 우리가 그곳에 갈 때마다 무언가를 챙겨주는 친절하고 사랑이 많으신 분이다. 그날에도 뒷산에서 따온 밤을 한 됫박이나 싸주셨다.

그날 우리는 그 목사님 소개로 북천 코스모스 축제에 가보기로 했다. 우리는 길을 물어물어 코스모스 축제가 열리고 있는 북천을 찾아갔다. 넓은 들판은 온통 코스모스로 뒤덮여있었다. 행사장에는 천막이 잘 차려져 있고 안내하는 사람들도 여럿 있었다. 그리고 여러 가지 음식을 만들어 파는 간이시설도 있었다. 사람들은 삼삼오오 짝을 짓거나 혼자서 코스모스 사잇길을 거닐고 있었다. 코스모스 꽃밭에는 기념사진을 찍을 수 있는 장소도 마련되어있었다. 우리도 멋진 포즈로 사진을 찍었다. 코스모스 꽃밭 한쪽으로는 하얀 소금을 뿌려놓은 듯 메밀꽃밭도 넓게 펼쳐져 있었다.

우리는 한참 동안 꽃밭을 거닐며 가을에 취하여 노래도 흥얼거리며 즐거운 시간을 보내고 있었다. 그런데 사람들이 한쪽에 철제하우스가 만들어진 곳으로 들어가고 있는 것을 보았다. 우리도 그곳으로 따라 들어가 보았다. 거기에는 여러 가지 넝쿨 식물들을 심어 터널을 만들어 보는 이로 하여금 감탄을 자아내게 했다. 주렁주렁 매달려 있는 가지가지 열매들은 너무나도 탐스러웠다. 평소에는 볼 수 없는 뱀처럼 길고 구불구불하게 생긴 오이와 엄청나게 큰 호박과 이상야릇하게 생긴 열매들을 많이 보았다. 각각의 열매에는 이름과 원산지를 표기해놓아 나의 궁금증을 풀어주었다. 어머나, 넝쿨 열매들이 이렇게도 다양하게 많이 있다니! 사람들은 여기저기에서 사진을 찍으며 가을과 더불어 행복을 맛보고 있었다. 멀리 산자락에는 벼들이 누렇게 익어 고개를 숙이고 있었다.

나는 그 넓은 꽃밭을 보면서 불현듯 그 옛날 어머니가 하시던 말씀이 생각났다. 내가 중학교 시절, 진해에서 살 때 우리 집에는 앞과 옆에 넓은 마당이 있었다. 어머니는 앞마당에는 예쁜 꽃들을 가꾸었지만, 옆 마당에는 여러 가지 채소를 심었다. 나는 어머니에게 꽃을 좀 더 많이 심어보자고 말했다. 그랬더니 엄마는 "꽃이 밥 먹여주나?" 하시면서 내 말을 들은 척도 하지 않았다. 우리는 어머니의 수고 덕분에 밭에서 기른 풋고추며 가지, 오이도 따서 반찬으로 맛있게 먹었다. 그때 그 싱싱한 오이를 '아삭아삭' 씹어 먹던 기분은 아직도 잊을 수가 없다. 그 밭에는 토마토와 딸기도 심었는데 아침마다 일찍 일어나 먼저 익은 토마토나 딸기를 따 먹는 재미는 늦잠 버릇이 있는 나를 일찍 일어나게 했던 기억이 새롭다. 이렇게 넓은 논밭을 모두 꽃밭으로 만들어 축제를 벌이고 있다니, 세월이 참 많이도 변했다. 이제는 꽃이 밥 먹여주는 세상이 되었구나!

행사장 뒤쪽으로는 기찻길이 있었다. 기찻길을 따라 가보니 기차 정거장도 있었다. 경전선 북천역이었다. 북천은 '코스모스 축제'를 하기에 좋은 입지 조건을 모두 갖춘 것 같았다. 넓은 들판이 있고 기차역도 있고 한쪽으로는 냇물도 있었다. 기찻길을 따라 한참이나 이곳저곳을 둘러보던 우리는 "다음에는 기차로 오면 좋겠다."고 말했다. 남편과 나는 행사장 천막이 있는 곳으로 돌아와 맛있는 메밀묵으로 허기를 달래고 한껏 부푼 마음으로 귀갓길에 올랐다. 내년 가을에는 아이들과 함께 기차를 타고 '하동 북천 코스모스 메밀꽃 축제'에 다시 한번 와보고 싶었다. (2010.10)

은혜와 감사의 찬양대원으로

"우리들은 주의 교회, 주님께서 우리를 찾으셨네. 손을 들고 주님께 감사해, 감사드리세."

<우리들은 교회>라는 제목의 이 찬양은 오늘 거성교회 시온 찬양대가 드린 주일예배 찬양곡이다. 내가 찬양대원으로서 마지막 드리는 찬양! 나는 어느 때보다 더욱 감사한 마음으로 감격의 찬양을 드렸다. 2017년 12월 31일 마지막 주일. 이날은 내가 찬양대원의 활동을 마감하는 날이기 때문이다.

내가 찬양대원으로 활동한 지 어언 50년이라는 세월이 흘렀다. 남편이 목회 일선에서 은퇴하고 2009년 거성교회에 출석하게 되면서 감사하게도 늦은 나이인 나에게 찬양대원으로 활동할 수 있는 길이 열렸다. 처음에는 낯선 교회에서 약간은 어색하기도 했으나 주님을 찬양하는 마음은 어디에서나 평강을 누릴 수 있었다. 예순을 넘긴 나이에도 오래 출석했던 교회와 다를 바 없이 찬양대원으로 봉사한 것은 생각할수록 감사와 은혜가 넘치는 일이었다. 이제 일흔이 넘었으니 젊은이들에게 자리를 내어주어야 한다는 마음으로 찬양대원을 그만두기로 한 것이다. 그동안 부활절, 성탄절 칸타타 등 은혜로운 곡들을 연주하며 여러 대원과 함께한 사간들은 참으로 행복했다.

나는 아마 어릴 때부터 노래 부르기를 좋아했던 것 같다. 교회학교에서 불렀던 아름다운 노래들, 초등학교에서의 합창단 생활, 그리고 어머니와 함께 불렀던 찬송들……. 고등학교 시절, 우리 가족이 다니던 진해교회에는 아름다운 찬양을 드리는 찬양대가 있었다. 나는 찬양대원으로 활동하는 그들이 너무나 부러웠다. 나도 어서 성인이 되어 찬양대원이 되어서 예배 찬양을 드리고 싶었다. 그러나 부산으로 와서 공부하면서 본 교회 찬양대원이 될 수는 없었다.

마침내 대학을 졸업하고 초등학교 교사가 되었을 때, 같은 학년의 오 선생님이 나더러 자기 교회에서 함께 찬양대로 봉사하기를 권했다. 나는 너무나도 고대했던 일이라 반가운 마음으로 기꺼이 그 교회에 함께 나가기로 했다. 오랜 전통이 있는 그 교회의 찬양대 활동은 참으로 좋았고 재미도 있었다. 예배를 마치고 다음 찬양 연습을 위해서 빵과 우유를 나누어 먹고 열심히 연습했던 일이 엊그제 같다.

그 후에 수정국민학교로 전보 발령을 받았다. 수정동에서는 사상교회 목사인 큰 형부가 잘 아는 교회로 나를 소개하고 그곳에서도 찬양대원으로 활동했다. 나는 그 교회에서 친구의 중매로 회사원인 남편을 만나 결혼을 하게 되었고, 남편을 따라 교회를 옮겨서도 찬양대원으로 활동했다. 남편은 회사원으로 12년을 일 하다 신학교에 들어가 목회자가 되었다. 1983년, 남편이 신학교 졸업을 앞두고 양산에 있는 작은 교회 목회자로서의 첫 부임을 할 때, 나는 근무하던 학교를 양산으로 옮겨갔다.

이제는 남편이 목회하는 교회에서의 생활이 시작되었다. 그 교회에는 남자 집사님이 작은 오르간으로 찬송 반주를 하고 있을 뿐 찬양대는 없었다. 나는 젊은 집사님들과 남녀 청년들을 모아 찬양대를 조직하고 우리 집에 있는 피아노를 교회당으로 옮겨서 찬양과 예배를 드렸다. 그 시절은 날마다 즐거웠다. 첫사랑이라는 것이 이런 것인가. 나는 가는 곳마다 찬양과 함께 살았다.

거기서 5년여를 지났을 때, 남편은 부산에 있는 교회로 부름을 받았다. 두 번째 목회지인 그곳에는 멋진 찬양대가 있었다. 사모로서 찬양대원을 지원한 내게 찬양대장은 난감해하면서 한 가지 다짐했다.

사모로서 심방 할 일이 있어도 찬양 연습에 빠지지 않을 수 있느냐고. 나는 흔쾌히 대답하고 약간의 오디션을 거쳐 찬양대에 합류했다. 지휘자는 권사님 아들로서 고등학교 음악 교사였는데 참으로 열정적으로 지도했고 멋진 성가곡을 많이도 불렀다. '메시아' 전곡도 그때 연주했던 것 같다. 그때나 지금이나 사모로서 찬양대원으로 봉사하는 기회를 얻었다는 것은 내 생애에 가장 큰 은혜라 아니할 수 없다.

남편이 은퇴 후에 출석할 교회를 찾아 기도하다가 우리는 집 가까운 교회로 나가도록 마음을 모았다. 그 교회는 성결교단이었다. 마침 실버대학을 개설하고 교사를 모집하고 있었다. 나는 산성마을의 금성동교회에 있을 때 노인대학을 섬겨본 일이 있으므로 교사로 신청을 하고, 마침 찬양대에도 함께하게 되었다. 교인들은 너무나 친절하고 그리스도의 사랑이 넘치는 사람들이었다. 우리는 오늘까지 그 교회의 여러 성도와 교제를 끊지 않고 있다.

그 교회에서 2년이 지난 어느 날, 하나님은 우리를

거성교회로 인도하셨다. 남편과 친분이 있는 고은태 목사님은 우리를 환영했고 교인들과의 사랑은 마치 고향에 돌아온 것 같은 기분이었다. 나는 찬양대원과 경로대학 교사로 봉사하고, 남편은 교회 프로그램의 하나인 '문예 교실'을 열어 글쓰기를 가르쳤다. 10여 명이 함께 공부한 문예 교실에서 나를 비롯한 네 사람이 수필가로 등단을 하고 지금까지 왕성한 활동을 하는 분도 있다. 나도 그때 배운 글쓰기를 계기로 수필을 쓰기 시작했고, 또 공무원 연금공단에서 개최한 '내 생애 글쓰기' 공부를 수료하고 지금도 열심히 글을 쓰고 있다.

나는 2009년 새해 첫 주에 거성교회에서 첫 예배를 드리고 오늘까지 만 8년을 찬양대로 봉사했다. 내 마음은 기력이 다할 때까지 찬양대원으로 활동을 하고 싶지만 '떠나야 할 때를 안다는 것은 아름다운 마음'이라는 생각이 떠올랐다. 그러나 거성경로대학에서는 '역전의 용사들' 은퇴 권사들의 본을 받으면서 교사로서 계속 봉사하도록 마음을 다진다.

지금까지 부족한 나를 하나님을 찬양하는 도구로 사용해주신 주님께 무한한 감사를 드린다. 그리고 천국 가는 그날에도 찬양하며 떠나고 싶다. (2017.12)

나를 이끄신 사랑의 손길

2018년 새해 첫 주일 아침, 주일예배를 드리러 가는 길이다. 남편이 운전하는 차를 타고 부드럽게 교회를 향하여 간다. 어쩐지 기분이 이상하다. 왜냐하면 나는 오랫동안 남편보다 먼저 택시를 불러서 혼자 교회로 갔었다. 내가 찬양대원으로서 주일 찬양 연습을 위해 9시에 집에서 나가야 하기 때문이었다. 그런데 오늘은 남편과 함께 교회로 가고 있다. 내가 지난 연말로 찬양대를 사임했기 때문이다.

모두가 주일예배를 드리기 위하여 교회당으로 들어온다. 마음을 가다듬고 하나님 앞에 신령과 진정으로 예배를 드리려 묵상기도를 드린다. 드디어 시간이 되어 다 함께 입례송을 부른다.

"하늘의 문을 여소서. 이곳을 주목하소서. 주를 향한 노래가 꺼지지 않으니, 하늘을 열고 보소서. 이곳에 임재하소서. 주님을 기다립니다. 기도의 향기가 하늘에 닿으니 주여 임재하여 주소서. 이곳에 오셔서 이곳에 앉으소서. 이곳에서 드리는 예배를 받으소서. 주님의 이름이 주님의 이름만이 오직 주님의 이름만 이곳이 있습니다."

예배를 위한 기도, 교독문 교독, 신앙고백, 영광의 찬송을 부른다. 장로님의 기도가 끝나고 오늘의 말씀 봉독과 찬양대의 찬양이 은혜롭게 불러지고, 말씀이 선포되어진다. 여러 순서를 다하고 목사님의 축도로 예배가 끝난다.

내 어릴 적 예배 시간이 어렴풋이 생각난다. 나는 어머니의 손을 잡고 교회에 가서 찬송을 부르며 지낸 것 같다. 아니, 어머니 뱃속에서부터 교회를 다녔으리라. 그러다가 교회학교(그때는 주일학교라 불렀지)에 가서 선생님에게서 여러 가지 찬송을 배우며 재미있는 말씀도 듣고 친구들과 즐겁게 지냈다. 그리고 눈이 파랗고 코가 큰 선교사님의 설교 말씀은 너무나도 재미있었다. 또 선교사님이 가르쳐주신 노래도 아주 좋았다. 그 때 우리 집은 회원동에 있어서 우리 가족이 다니는 마산 문창교회는 걸어서 30분이나 가야 하는 곳이었다. 그래도 그곳이 멀다는 생각은 해본 적이 없다. 우리 교회는 정방형의 돌로 지어진 교회로 그 돌에는 "마산 문창교회 예배당"이라고 새겨져 있었다.

나의 어린 시절은 교회에서 예배드리는 일이 참 좋았다. 어느 해 여름성경학교가 시작되었다. 얼마나 신나는 시간들인가. 그런데 어느 하루, 열이 나고 너무 아파서 성경학교에 갈 수 없는 날이 있었다. 그날은 집에 누워있었다. 앓아누워있는 내게 어머니께서 고구마를 쪄주셨다. 그 고구마는 어른 손가락만

한 것이었는데 얼마나 부드럽고 맛있었는지 지금도 그 맛을 잊을 수가 없다.

세월이 흘러 6학년을 마치고 중등부에 들어가는 날은 지금도 눈에 생생히 떠오른다. 우리 신입생들이 초등부의 교육관에서 중등부실이 있는 본관으로 들어가는 길은 장관이었다. 내 눈이 휘둥그레졌다. 우리들이 교육관에서 나오니, 본당으로 가는 길 양옆에 선배들이 양쪽으로 줄을 지어 우리들의 중등부 진급을 축하해주고 있었다. 놀라운 광경에 기분이 한층 고조되어 중등부에서의 첫 예배를 드린 것이 엊그제 인양 새롭다.

그리고는 얼마 지나지 않아 우리는 진해로 이사를 왔다. 거기서는 진해교회를 다녔다. 고등부 때는 학생회 임원도 하면서 교회 생활은 더욱 좋았다. 학생 예배를 마치고 장년부 예배에도 참석했다. 찬양대가 멋진 가운을 입고 찬양을 드리는 것에 감동받았다. 그때 나도 얼른 성인이 되어 찬양대에서 찬양드리려는 마음을 품게 되었다.

이제 대학진학을 위해 부산으로 오게 되었다. 부산에서는 목회하는 형부의 안내를 받아 교회에 가서 예배를 드리기도 하고, 틈나는 대로 진해 집에 가서 진해교회에서 예배를 드리기도 했다. 그러다가 졸업을 하고 교사가 되었다.

처음 해보는 직장생활이 힘들었든지 어느 주일날은 너무나 피곤하여 일어날 수가 없었다. 일어나려고 용을 쓰다가 라디오 시보의 '땡' 소리를 듣고 겨우 일어나서 아침도 먹지 못하고 교회에 가서 예배를 드린 일도 있었다. 나에게 주일예배를 빠진다는 것은 상상도 할 수 없는 일이었기 때문이다.

이번 연말을 지나면서 이런 생각을 하게 되었다. 세상 사람들은 연말연시가 되면 해맞이를 하려고 야단들이다. 나는 그런 복잡한 행사는 좋아하지 않는다. 나에게는 정말 좋은 송구영신 예배가 있지 않은가? 나에게 예배가 없다면 얼마나 무미건조하고 심심했을까?

지난 시간들을 돌아본다. 절기마다 기쁘고 즐거운

일들이 얼마나 많았던가! 신년 예배, 진급 예배, 부활절, 성탄절 등등. 크리스마스가 다가오면 나를 들뜨게 하는 일들이 연달아 생긴다. 찬양과 율동, 연극, 크리스마스이브에는 함께 모여 선물교환도 하고 재미있는 게임도 하면서 밤을 지새웠다. 그리고 크리스마스 새벽송으로 이어졌다.

예배란, 하나님의 뜻을 깨달아 찬양하며 그 말씀대로 살아가는 것이 아닐까? 예배는 언제나 나의 삶의 중심에 있었다. 예배는 나를 키웠고 나를 일깨웠고 나를 살게 했다. 그리고 전능하신 하나님의 손길은 오늘도 나를 이끌어 가신다. (2018.1)

생애전환기

지난해 건강 공단으로부터 건강검진 안내표를 받았다. 나의 건강검진 안내표에는 <생애전환기>라는 표시가 되어있었다. 내가 지금 생애전환기란 말인가? 누가 나에게 그런 걸 정해주었나? 내가 생각하기에는 일반적으로 회갑을 맞이했을 때라든가 칠순이 되었을 때 그런 표현을 하는 것으로 생각했는데 이제 66세가 되는 해가 생애전환기라니? 나는 회갑을 잘 지냈고, 나라에서 만들어준 지하철표도 벌써 받았는데 이제 생애전환기라니? 잘 이해되지 않는다.

아무튼 건강검진을 받으러 가야 할 텐데 영 마음이 내키질 않아서 미루고 미루다가 연말이 다되어서 병원엘 갔다. 마침 남편과 같은 짝수 해이어서 함께 갔다. 그런데 위내시경이 문제였다. 나는 위내시경 검사를 받는 것을 두려워했다. 그러다가 숨이 막혀 죽을 것만 같은 공포 때문이었다.

사실 나는 겁쟁이다. 내가 초등학교 1학년 때의 일이다. 학교에서 예방접종을 하는 날이었다. 주사를 맞기 위해 팔을 걷어 올리고 줄지어 서 있었는데 내 차례가 다가오자 나는 오금이 저려서 그만 줄에서 나와 도망을 가고 말았다. 그런데 선생님이 날 잡아다가 억지로 주사를 맞혔다. 나는 그때 그 선생님이 얼마나 무섭고 미웠는지 모른다. 뚱뚱하고 못생긴 여선생님이었다.

어릴 적에 겪은 일로 지금도 잘되지 않는 것이 또 있다. 알약을 먹는 일이다. 그때 셋째 오빠는 병약하여 약을 자주 먹어야 했다. 그런데 약 먹을 때마다 여간 힘들어하는 게 아니었다. 약을 제대로 삼키지 못해서 온갖 애를 쓰면서 온 가족이 함께 고생했던 기억이 난다. 나는 알약 삼키는 것을 연습해보기로 했다. 그때에는 원기소라는 영양제가 있었는데 그것으로 약 넘기는 것을 배워보기로 했는데 언제나 성공하지 못했다. 그때 나는 건강하니까 약을 먹어야 할 일은 없을 줄 생각하면서 약 삼키는 훈련을 포기했다.

그런데 세월이 지나 감기가 들어 약을 먹어야 할 때면 약국에서 약을 갈아달라고 해서 먹었다. 그리고 한참 지나서는 약을 갈아달라고 하는 것이 부끄러워서 약 가는 기구를 사서 집에서 내가 갈아서 먹기도 했다. 그러다가 당뇨를 앓게 되었는데 그 약은 며칠만 먹는 것이 아니라 날마다 평생을 먹어야 한다고 했다. 나는 눈앞이 캄캄했다. 이 약을 어찌 날마다 갈아서 먹는단 말인가? 나는 한참 그렇게 하다가 얼마 지나서부터는 약을 씹어서 가루를 만들어 먹기로 했다.

지난날의 힘들었던 경험은 얼마나 사람을 약하게 만드는가? 이런 얘기를 들은 적이 있다. 영국의 유명한 테니스 선수는 5살 어린 나이에 엄마가 치과 치료를 받다가 숨진 엄청난 경험을 하고는 그 후로 다시는 치과에 가지 않았다고 한다. 그런데 테니스 선수로 한창 이름을 날리고 있을 때 치과 치료를 받지 않을 수 없게 되었다. 그는 치과에 가는 것이 두려워서 의사를 집으로 불러서 치료를 받게 되었는데 그도 그만 그 치과 의자에서 숨을 거두고 말았다고 한다. 나만 그런 공포에 힘들어하는 줄 알았는데 다른 사람들도 힘들어한다는 것을 알게 되니 조금 위안이 된다.

나는 약 먹는 것도 주사 맞는 것도 싫어했지만 그런대로 세월이 지나면서 조금씩 적응해나가고 있다. 그렇지만 부득이한 경우가 아니고는 병원에 가는 것을 싫어한다. 나는 건강검진 받는 것도 싫어한다. 그런데 남편의 권유와 설득으로 때마다 건강검진을 받았지만 나는 위내시경 검사는 겁이 나서 받지 않았다.

1년 전에는 사위가 마련해준 특별 건강검진을 받게 되었다. 마음 내키지 않았지만 사위 체면도 있고 해서 건강검진을 받으러 갔다. 또 위내시경이 문제였다. 위내시경 검사를 받으려고 준비하고 침대에 누웠다가 그대로 내려오고 말았다. 남편도 사위도 나를 한심한 표정으로 바라보았다. 그래도 어쩔 수 없었다. 사위 앞에서 내 체면이 말이 아니었다. 그런데 이번에는 남편의 강권으로 위내시경 검사를 받지 않을 수 없었다. 생애전환기 검사이니 꼭 받아보라는 것이었다. 몇 번이나 마음을 다짐하고 병원에 갔다. 지난번에 실패한 일이 생각나서 다른 방법을 물었더니 위 조영술이라는 게 있다고 했다. 결국 위 조영술 검사를 받았다.

그런데 며칠 후에 병원 측에서 위 조영술 검사에서 이상이 발견되었으니 내시경검사를 받아야 한다는 통보가 왔다. 나는 하늘이 캄캄해지고 숨이 막히는 것 같았다. 나는 또 도망가고 싶었지만 남편의 강권으로 억지로 또 병원에 갔다. 푸줏간으로 끌려가는 암소처럼 눈물을 뚝뚝 흘리면서 또 준비과정을 거쳐서 수면내시경을 받기로 했다. 죽으면 죽으리라는 각오로 검사를 받았다.

그런데 참으로 황당한 일이 일어났다.

새해를 맞으면서 아이들과 눈썰매장으로 놀러 갔다. 한참을 재미있게 놀고 있는데 전화가 왔다. 건강검진을 한 병원이라고 했다. 나는 무슨 소식인가 걱정을 했는데 위내시경 검사에서는 아무 이상이 없다고 안심을 시켜주었다. 그리고 이어서 하는 말이 가관이었다. 지난번 위조영술 검사가 다른 사람 것하고 바뀌었다는 것이었다. 그래서 나는 다른 사람의 바뀐 결과 때문에 위내시경 검사를 또 받았다. 너무도 화가 나서 결과를 서면으로 통보해달라고 퉁명스럽게 말하고 전화를 끊었다. 며칠이 지나서 결과표가 왔는데 그 결과는 너무도 실망스러운 것이었다. 생애전환기라고 크게 표시하고 여러 가지 암 검사도 했다고 하는데 그게 무슨 생애전환기 검사란 말인가! 생애전환기 검사를 그렇게 소홀하게 다루어서 다른 사람 것과 뒤바뀌는 어처구니없는 실수를 하다니!

내 딸도 마침 40세가 되어 생애전환기라고 하는데 그건 또 무슨 연유로 그런 이름을 붙였는지 알다가도 모를 일이다. (2013.1)

나, 할머니 되다

나에게는 손주가 둘 있다. 이 손주들은 내 딸이 나에게 안겨준 보석 중의 보석들이다. 딸이 결혼하고 1년 남짓 아기 소식이 없어서 염려하며 기도하고 있었는데 드디어 기쁜 소식이 왔다. 우리는 마음을 모아 출산을 잘 도와줄 병원을 찾았다. 그즈음에 우리는 산성마을에 살고 있었으므로 화명동에 있는 '화명 일신기독병원'을 찾았다. 매달 정기검진을 하고 출산일을 기다렸다.

아기가 태어나기 전에 준비할 것이 많았다. 백화점에서 출산준비물을 쇼핑했다. 내 마음은 아가와 산모에게 제일 좋은 것으로 준비해주고 싶었다. 그리고 산후조리원도 알아보았다. 교대 근처에 있는 '엄마손 산후조리원'에 예약했다.

2001년 10월 9일, 내 손자가 태어났다. 내가 할머니가 된 것이다. 4.1kg의 남자아기였다. 오후 4시에 본격적으로 진통을 하다가 6시 55분에 자연분만했다. 산모의 비명과 함께 원장선생님의 흰 가운에 핏물을 튕기면서 힘차게 나오는 아기를 보면서 나의 감격은 얼마나 컸던지 말로 표현할 수 없다. 우리가 얼마나 기다리던 아기였던가! 아기는 앙증맞고 더없이 사랑스러웠다. 이렇게 사랑스러운 아기를 주신 하나님께 두 손 모아 감사의 기도를 드렸다. 나는 산모의 몸을 닦아주고 여러 가지를 돌보아주었다. 아기는 아기방에서 간호사들이 돌보아주었다. 유리창으로 아기를 들여다보기만 했다. 얼른 아기를 안아보고 싶었으나 마음대로 할 수 없었다.

10월 11일, 1시에 퇴원을 하고 예약해둔 산후조리원으로 갔다. 조리원에서는 아기도 산모도 잘 돌보아주어서 마음이 놓였다. 그런데 산모의 젖이 잘 나오지 않아서 걱정이었다. 마침 우리 교회 문 장로님 내외분이 그 얘기를 들으시고 젖 잘 나오게 하는 돼지족발 곰국을 끓여서 큰 통으로 한 통 가져다주셨다. 지금 생각해도 그 일은 참으로 고마운 일이었다. 산모는 그 곰국을 먹고는 젖이 잘 나와서 아기가 먹고도 남을 만큼 젖이 풍부해졌다. 나는 그 곰국을 빈 우유곽에 넣어서 냉동했다가 날마다 먹을 만큼 챙겨서 산후조리원으로 날랐다. 갈 때마다 빵이나 밀감 등 간식거리도 챙겨갔다. 딸은 아기 젖 먹이는 일이 무척 힘들어 고생도 많이 했다. 남은 젖을 짜내는 일도 여간일이 아니었다.

딸은 엄마가 되더니 아기에게 어찌나 정성을 쏟던지 나도 깜짝 놀랄 지경이었다. 아기엄마는 이제 '수퍼우먼'이 되었다. 아기의 손발이 그렇게 작은 것을 보니, 내가 딸을 낳았을 때 남편이 아이의 손톱을 보고는 앙증맞게 작은 것에 감탄하던 것이 생각났다.

조리원에서 집으로 돌아와서는 나는 국을 끓이고 여러 가지 일로 바빴다. 온 가족이 아가와 엄마를 돌보느라 정신이 없을 지경이었다. 아기 젖먹이는 일이 좀 익숙해지니 이제는 아기 목욕을 시키는 일이 보통 일이 아니었다. 신출내기 엄마에게는 젖먹이기보다 더 어려운 게 아기 목욕시키기였다. 어떻게 해야 편하게 아기를 씻어줄 수 있을지 매번 마음이 쓰였다.

나의 친정어머니가 나와 아기를 돌볼 때가 눈에 선히 떠오른다. 그때는 산후조리원도 없을 때여서 모든 어려운 일을 내 친정엄마가 고스란히 감당했다. 친정엄마는 아기 목욕시키기를 차분히 잘 해내셨다. 물을 데워서 대야에 반 정도 채워 방에 가져온 뒤, 품에 안듯이 아기를 보듬고 다른 손으로 물에 적신 가제로 입속을 문질러낸다. 입은 옷을 벗기고 담그면 온도 차이에 아기가 놀랄까 봐 입은 옷 그대로 몸을 적신다. 쓰다듬듯이 물을 얹어주며 먼저 머리를 감긴다. 왼손으로 등과 목을 받치고 달래듯 보드라운 살을 구석구석 만진다. 젖은 옷을 벗기고 옆에 예비해 놓은 맑은 물로 한 번 더 헹구어 큰 수건에 보드랍게 감싼다. 갓 씻긴 아기를 정갈한 수건에 싸서 눕혀 놓고 얼굴에 로션을 발라준다. 파우더로 토닥토닥 두드리면 보송보송, 향취가 풍겨온다.

나는 그때의 모습을 떠올리며, 딸과 함께 아기를 목욕시켰다. 세상에 태어날 때 그 누구도 다른 사람의 손을 빌리지 않고는 살아갈 수 없음을 새삼 깨닫는다. 드디어 출산 한 달이 되었다. 엄마랑 아기랑 예방접종을 하러 병원에 갔다. 출산을 도와주신 원장님께 감사의 인사를 드렸다. 한의원에 가서 산모 산후조리 약도 지었다.

내 딸이 출산휴가를 끝내고 출근을 하게 되었을 때는 정말로 어찌해야 하나 난감했다. 머리를 짜내어 연구한 것이 사돈댁과 번갈아 아기를 보는 것이었다. 사돈댁도 흔쾌히 승낙해주었다. 왜냐하면 우리가 교회를 섬기는 목회를 하고 있었기 때문이다. 그래서 주일 오후에 엄마가 아기를 데리고 우리 집에 오면 우리가 아기를 돌보다가, 수요일 오후에 사돈댁으로 데려다주고, 아기 엄마는 토요일에 아기를 자기 집으로 데려간다. 주일 오후에 내 딸은 카시트에 아기를 태우고, 아기용품을 한가득 싣고 우리 집으로 온다.

아이는 눈에 보이게 자라고 어른들이 모르는 사이에 배우는 것 같다. 어느 날은 내가 세수를 하고 화장대에 앉으니, 내가 바를 화장품을 차례대로 집어주는 것이 아닌가! 아마도 내가 화장하는 모습을 유심히 지켜본 모양이다. 아이가 금붕어같이 작은 입으로 날마다 새로운 말을 쏟아내는 것을 보고 듣는 나는 날마다 놀라고 감격한다. 시옷 발음이 잘되지 않을 때, 자기 이름 '상혁'을 차역으로 발음해서 우리가 자꾸 놀렸더니 어느 날, "하부지, '차역'이 아구요 '차역'(상혁)입니다."라고 해서 지금도 그 이야기를 하며 웃는다.

2003년 10월 13일, 내 딸이 둘째로 3.9kg의 공주를 낳았다. 10시 지나서 진통하더니 오후 2시 2분에 순산했다. 하나님의 놀라운 사랑에 또 한 번 감사의 기도를 드렸다, 이번에도 첫째 때와 같은 병원에서 같은 선생님이 수고하셨다. 둘째가 태어나고 우리의 밀월의 시간은 또 다른 시간으로 이어졌다. 손자는 동생이 자꾸 잠만 자고 있다가 눈을 뜨자, "차유(상유) 눈 떴다." 하면서 신기하게 여기며 동생을 들여다보았다.

'날마다 날마다 새싹들이 자라듯이 날마다 날마다 손주들은 커간다.

아-아- 우리 우리 손주들은 언제 언제 자라나 뛰놀 때 자란다.

잠잘 때 자란다. 노래할 때 더 자란다.'

손주들을 돌보며 함께했던 시간이 필름을 돌리듯 선명히 떠오른다. 백일을 맞이했을 때, 조그마한 사진첩을 만들어 보았을 때, 돌 찬치를 하면서 모두가 기뻐했던 순간들이 어제 본 듯 새롭다. 그동안 아이들을 돌보느라 힘든 일도 많았으나 그보다는 아이들로 인해서 기뻐하고 감사했던 일이 더욱더 많은 것 같다. 이제는 내가 몸과 마음이 건강해서 아이들이 잘되고 올바르게 살아가도록 기도하며 응원하리라. 아이들이 잘 자라고 하나님 보시기에 사랑스럽고 사람들 보기에도 자랑스러운 아이들로 자라도록 기도하리라. 또 세월이 흘러 아이들이 어른이 되어 또 아기들이 태어나서 나를 보고 "왕 할머니, 사랑해요." 부를 날도 찾아올 것이다. (2016.9)

손녀의 합창단 생활

내 손녀 김안상유는 어릴 때부터 노래를 곧잘 불렀다. 유치원 다닐 때는 리듬에 맞추어 율동도 잘했다. 어떨 때는 멋대로 지어낸 율동에 맞추어 곧잘 춤추며 노래했다. 나도 노래하기를 좋아하는데 나보다 더 좋아하는 것 같다. 아이가 4학년이 되었을 때 합창단에 보내어 좋은 훈련을 시켜보리라 생각은 했으나 선뜻 길이 보이지 않았다.

그러든 어느 날, 할아버지가 KBS에서 어린이 합

창단원을 모집한다는 소식을 들었다. 아, 이것이로구나! 하고 준비를 시작했다. 인터넷에서 모집 시기와 지정곡 등을 알아보고 원서를 작성하고 접수를 시켰다. 이제부터 바쁘게 되었다. 지정곡과 자유곡 연습을 해야 했으니까. 아이 엄마와 내가 곡을 고르고 연습을 시켰다. 그리고 오디션에 나갈 때 입을 옷도 준비했다. 백화점에서 브라우스와 민소매 원피스, 거기에 어울리는 머리띠, 타이즈와 구두도 준비했다. 집에서 그 옷을 입고 반주에 맞추어 노래 연습을 했다. 또 손녀가 나가는 피아노학원 선생님께 부탁해서 노래 지도도 받았다.

드디어 오디션 날이 왔다. 손녀와 함께 KBS방송국을 찾아갔다. 많은 사람들이 아이들과 함께 와 있었다. 떨리는 마음을 가다듬고 차례를 기다리며 기도했다. 드디어 손녀 차례가 되어 지정곡과 자유곡을 불렀다. 손녀는 반주에 맞추어 잘 불렀다. 다른 아이들이 부르는 것을 들으며 또 기다렸다. 실기도 있었다. 음악에 맞추어 몸을 움직이는 것이었다. 그 후에 면접이 있었다. 면접관이 아이를 방송국까지 데리고 다닐 사람이 누구냐고 물었다. 할머니와 할아버지가 잘 할 수 있다고 대답했다. 이제 조마조마한 마음으로 결과를 기다린다.

12월은 우리의 결혼기념일이 있는 달이다. 우리는 결혼기념일을 전후하여 신혼여행 때 갔던 제주 올레길을 몇 년째 며칠씩 걷고 있었다. 그날도 올레길을 걷고 있는데 손녀의 합격 소식이 날아왔다. 아! 하나님, 감사합니다. 우리는 손을 잡고 감사의 기도를 드렸다. 그리고 며칠 후 오리엔테이션이 있었다. 오리엔테이션에서는 방학 동안에 있을 연습 일자와 내용이 적힌 인쇄물을 받았다. 신입생의 연습 일정이 빼곡히 적혀 있었다.

2014년 1월, 이제 본격적으로 손녀와 함께 방송국으로 다녀야 했다. 신입생은 월, 화요일에 연습하고 선배들과는 수요일에 함께 연습했다. 나는 아이를 데리고 51번 버스를 타고 한 시간이나 걸려서 방송국으로 갔다. 1층 로비에서 연습이 마치면 손녀와 함께 집으로 돌아왔다. 1층 로비에는 다른 엄마들도 여럿 있었고 나 같은 할머니도 한 분 있었다. 집이 방송국과 가까운 아이들은 혼자서도 잘 다니나 보다. 우리 집은 온천장이고 방송국은 남천동이다. 1월 한 달을 그렇게 열심히 합창 연습을 했다. 2월에는 경성대 콘서트홀에서 KBS 어린이 합창단 특별출연이 있었다. 그때는 아직 단복도 마련하지 못한 때라 방송국에서 준비한 연두색 민소매 원피스를 입고 출연했다. 내 손녀의 합창단 첫 출연은 내 인생에서도 잊을 수 없는 감격의 시간이었다.

차츰 손녀가 길을 익혀가면서 방송국에 갈 때는 혼자서 가고 마칠 즈음에 내가 가서 데리고 집으로 돌아온다. 3월 신학기가 되고부터는 방과 후에 연습하게 되었으므로 마치면 어두워지기 시작했다. 매주 수요일은 손녀를 위해 시간을 할애한다. 이 또한 나에게는 기쁨의 시간이었다.

3월 말에는 경주에서의 신입생 환영회, 5월 어린이날을 기념하며 부산시에서는 유모차 걷기대회를 시민공원에서 가졌는데, KBS 어린이 합창단이 출연했다. 나는 손녀 따라 시민공원에도 가보고 유모차 걷기대회도 구경했다.

6월에는 문화회관에서 큰 행사를 했다. KBS 어린이 합창단 창립 60주년을 기념하는 공연이었다. 합창단 선배들도 공연에 참여했다. 그 공연은 참으로 감격적이었다. 합창단에서는 공연 실황을 DVD로 제작하여 각 가정에 나누어 주었다. 가족들은 그 DVD를 여러 차례 보며 즐거워했다.

손녀의 노랫소리는 어디를 가나 즐겁게 들린다. 차를 타고 가족 여행을 하게 되면 방송국에서 배운 노래가 이어진다. 손자도 함께 잘도 부른다. 집에서 얼마나 열심히 불렀으면 방송국에 나가지 않는 오빠까지도 그렇게 잘 부를까?

다른 합창단과의 교류 행사도 있었다. 광주 어린이 합창단이 부산에 와서 함께 공연하기도 했고, 우리가 울산에 가서 울산공연에 특별출연하기도 했다.

2016년, 이제 중학생이 되어서 합창단에 나가지

않았는데 부름이 있어서 함께했다. 을숙도 문화회관에서 개최한 소년소녀합창 축제에 출연하게 되었다. 각 방송국 팀과 각 구청 팀들이 참여했다. 지휘자 선생님이 우리 손녀보고 합창단에 계속 나와 달라고 부탁도 했으나 공부를 위해 합창단 활동을 그만두었다. 그동안 많은 공연과 여러 가지 경험을 하며 즐거운 합창단원의 생활을 손녀와 함께하는 아름다운 추억으로 간직하고 있다. (2016)

문득 생각이 나다

그동안 고대하던 이탈리아 여행을 마치고 돌아왔는데 시차 관계로 밤에 잠을 제대로 이루지 못하고 뒤척였다. 이때 문득 생각이 났다. 잠이 안 오면 일어나서 성경을 읽어야겠다는 것. 그래서 <큰성경>을 찾아서 성경을 읽었다. <큰성경>은 내 시력이 약화되자 남편이 회갑 선물로 사준 것이다. 책을 펼치고 읽다가 옛날 생각이 나서 성경책 뒷면을 펼쳐보았다. 거기에는 그동안 잊고 있었던 (회갑을 맞이하여 하나님 앞에 드리는 기도의 제목)이 적혀있었다. 그동안 그 약속을 까맣게 잊고 있었다.

1. 자기 나이 숫자만큼 성경을 완독하자.
   1년에 3독, 10년에 30독 하면 75세에는 75독을 한다.
2. 생명이 있는 한 새벽 제단 쌓기
3. 호흡이 있는 한 주님 찬양하기
4. 성경 쓰기는 완필 하기

성경 완독은 양산의 대동교회를 섬길 때부터 시작되었다. 1983년 12월, 남편의 신학대학원 졸업을 앞두고 부임한 우리의 첫 목회지이다. 그때 나는 아직도 교사로 재직하면서 교회의 사모로서의 직도 감당했다. 선배 목사님이 시골교회에서는 사모가 선생님이면 목회에 도움이 된다는 말씀에 따라 교사 사직을 뒤로 미루었다. 그때는 사모로, 어곡초등 교사로서 바쁘게 살았다. 5년 3개월을 지내고 하나님의 뜻에 따라 부산평강교회에 부임했다.

1989년 3월 2일, 부산평강교회에 부임하면서는 사모로서의 일과 양산까지 출퇴근하는 일로 바쁘게 지내면서 성경 읽는 일에 정성을 다하지 못했다. 그때는 성전 건축하는 일로 남편이 너무 바쁘고 지쳐 있었다. 그래서 나는 교회 일에 전념하려고 퇴직했다. 부산평강교회에서 12년을 시무하고 우리는 2001년 2월 세 번째 교회인 금성동교회로 부임했다. 그곳에서는 정성을 다하여 성경을 읽었다. 시간적 여유도 생기고 마음도 안정을 찾았다.

그러다가 <당신 손으로 새긴 성경, 마음에 새겨집니다>라는 글을 보고 성경 쓰기를 해보기로 마음먹었다. 성경을 적을 노트를 구하고 좋은 볼펜도 구입했다. 처음부터 정성을 다하여 한 글자 한 글자 적어나갔다. 얼마 지나지 않아서 볼펜의 심이 다했다. 그래서 다시 볼펜을 사고 그 다한 볼펜을 기념으로 필통에 꽂아두었다. 그랬더니 얼마 지나지 않아 필통에 볼펜이 가득 찼다. 다시 여러 권의 노트를 사고 정성스럽게 성경을 적어 나갔다. 세월이 흘러 구약 쓰기를 마무리했을 때는 너무나 감동스러웠다.

다시 새로운 마음으로 신약성경을 쓰기 시작했다. 계시록의 마지막 장 마지막 절을 쓰게 되었을 때는 끝마쳤다는 안도감과 아쉬운 마음이 겹쳐서 만감이 교차했다. 그 와중에도 노인대학을 개설하고 온 마음을 다하여 교인들과 마을의 노인들을 섬겼다. 그러다가 2007년 남편이 65세에 은퇴를 했다.

그리고 출석할 교회를 찾다가 우리 집에서 가까운 성결교회에서 예배를 드렸다. 그때에도 여전히 성경 읽기는 계속하고 있었다. 그곳에서 좋은 사람들을 만나고 등산도 함께하며 아름다운 교제를 나누었다. 나는 찬양대원으로, 실버대학 교사로 열심히 봉사하며 행복한 나날을 보냈다. 그곳에서 2년을 뒤로하고 우리 통합교단을 찾아, 2008년 크리스마스부터 지금까지 거성교회에 출석했다. 거성교회에서도 찬양대원으로, 경로대학 교사로 섬기며 즐겁게 교회 생활을 하고 있었다. 어느 주일, 고은태 목사님 사모님이 성경 타자에 대해 이야기했다. 나도 성경 타자를 시작하고 얼마 전에 2타를 마치고 교회의 주보에도 실렸다. 생각 같아서는 평생 찬양대원으로 봉사하고 싶었지만 나이와 후진들을 생각하여 2017년 말로 찬양대원을 사임하였다. 그래도 경로대학 교사는 좀 더 봉사하기로 마음먹었다.

이렇게 분주하게 원거리로 교회 출석하고 찬양대원으로, 경로 대교사로 지내다 보니 시간은 너무나도 빠르게 흘러갔다. 회갑에 하나님 앞에 드린 기도는 제대로 이루지 못했다. 75세에 75독을 해야 하는데 지금 75세가 가까웠다. 오늘 이렇게 나에게 깨달음을 주신 하나님께 감사를 드리며, 다시 한번 '나이만큼 성경읽기'를 제대로 해야겠다는 생각이 나를 새롭게 한다. (2018.4)

제2부

결혼기념일

제주 올레길을 걷는다. 둘이서 손을 잡고 이야기를 나누며 걷는다. 12월이지만 날씨는 포근하고 바람은 살랑이며 온몸을 부드럽게 감싼다. 바다의 잔잔한 파도는 햇빛을 받아 반짝이고 해변에는 화산의 흔적인 현무암이 어느 외계에 온 것 같은 모습으로 우리를 반긴다. 노란 해국이 지천으로 피어있는 해변 길을 따라 앞서거니 뒤서거니, 때론 나란히 걸어간다. 숲속의 오솔길에는 지저귀는 새들의 노랫소리가 정겹다. <망오름>을 오를 때에는 약간 숨이 차기도 하고 땀이 나기도 했다. 오르막이라 힘들어할 때 어디선가 티티새의 소리가 아름답게 들려와 힘을 돋우어주었다. <망오름> 길에는 배를 묶어둘 때 쓰는 것 같은 굵은 밧줄로 망을 만들어 길에 깔아놓아서 걷기에 참으로 좋았다. <망오름>이라는 이름을 오래도록 기억할 수 있을 것 같다.

올레길은 이번이 두 번째로 결혼 40주년 기념 4박 5일 여행이었다. 벌써 결혼 40주년이라니! 결혼한 지 엊그제 같은데 세월이 너무도 빨리 흘렀다. 친구 소개로 만나서, 해를 넘기지 않으려는 부모님들의 재촉으로 맞선 본 지 한 달이 좀 지나 12월에 우리는 결혼식을 올렸다. 출산하고 아기를 기르면서 그리고 직장생활을 하면서 바쁘게 시간은 흘러갔다. 그런 와중에도 우리는 결혼기념일을 뜻있게 보내려고 나름대로 애썼다. 그러나 결혼 후 10년이 지난 즈음에 남편은 신학교에 입학하였고, 졸업하고 목회를 하게 되었다. 그러면서 우리의 결혼기념일은 예수님의 탄생일인 크리스마스를 준비하느라고 오랫동안 제대로 챙기지 못했다. 분주한 가운데 성탄절을 보내고 나면 그제야, 아! 우리의 결혼기념일이 지나갔구나! 하고 함께 웃었다.

첫째 날에 우리가 걸을 4코스는 그중에서도 제일 긴 22.9km 구간이었다. 나중에 알았지만 약 7시간이 소요된다고 했다. 공항에서 4코스 출발지점으로 바로 와서, 그곳 게스트하우스의 주인에게 여행 가방을 맡기고 곧바로 걷기 시작했다. 오후에는 해가 어두워지기 전에 종착지에 도착하려고 무리하게 좀 빠르게 걷다가 남편의 다리근육에 이상이 생겨서 더 걸을 수 없게 되었다. 우리는 도로변으로 나와서 택시를 타고 찜질방을 찾았다. 그곳에서 놀란 다리근육을 쉬게 하려는 생각이었다. 그리고 둘째 날은 쉬었다.

셋째 날에 <쇠소깍>이라는 곳으로 갔다. 5코스 마지막이요 6코스가 시작되는 지점이다. 바닷물과 민물이 합수하면서 절경을 빚어낸 관광 명소였다. 쇠는 소, 소는 웅덩이, 깍은 끝이라는 의미를 담고 있단다. 민물과 바닷물이 만나 만들어낸 <쇠소깍>의 깊은 물에는 손으로 줄을 당겨 이동하는 교통수단인 '테우'가 떠다닌다. 40-50분 계곡을 거슬러 오르며 천천히 유람하는 테우의 운영은 마을 청년회에서 운영한다고 했다. 마지막 날은 게스트하우스에 여행가방을 공항으로 옮겨달라고 부탁하고, 6코스의 나머지 부분을 걸었다. 이곳은 신혼여행 때 왔던 곳이 대부분이다. 정방폭포를 지나 마지막 지점은 <외돌개>이다. 신혼여행 때 기념사진 찍었던 곳에서 다시 사진을 찍었다.

제주도는 어디를 가나 친절하다. 숙소의 주인도 친절하고 운전기사들도 친절하다. 모두가 순박하고 정겹게 대해준다. 40년 전의 신혼여행 때 기억도 새로웠다. 그때는 택시 기사가 종일 관광안내원 역할을 했다. 아침 일찍 호텔로 와서 우리를 깨워서 태우고 좋은 관광지와 맛있는 음식점을 일일이 안내해주었다. 요즈음은 보이지 않는 똥돼지 구경도 그때 했다. 12월의 제주도는 온통 오렌지빛으로 물들어있다. 그때나 지금이나 여전했다. 그때에는 감귤나무를 배경으로 기념사진도 찍었는데, 감나무보다 훨씬 키가 작은 나무에 어찌나 많은 감귤이 달려있는지 너무나 신기하였다.

올레길을 걸으면서 여러 사람을 만나기도 했다. 사람들은 혼자, 혹은 둘이서 아니면 친구들과 여럿이서 올레길을 걷고 있었다. 그중에서 수녀들과 함께 걷는 팀을 만났는데 그분은 제주 사람이라고 했다. 수녀는 우리더러 길을 걷다가 목마르면 밭에 있는 감귤을 따 먹어도 된다고 말했다. 그렇지만 남의 밭의 감귤을 따 먹는 것이 마음이 내키지 않았다. 그러다 마지막 날에는 목이 너무 말라서 나무에 달린 감귤을 두 개 따서 나누어 먹었다. 얼마나 시원하고 달콤했던지. 지금 생각해도 입에 군침이 돈다.

올레길이 한창 알려질 때인 몇 년 전에 1, 1-1, 2, 3코스를 걸었고 이번에 4, 5, 6코스를 걸었다. 이제 앞으로 결혼을 기념하면서 제주 올레길을 해마다 몇 코스씩 걸어보기로 했다. 올레길은 지금 19코스까지 개발되어있다. 몇 번을 더 걸으면 올레길을 완주하게 되려나? 그때는 우리의 결혼기념일 몇 주년이 될까? (2011.12)

노래하며 열어가는 인생

우리 합창동호회가 시립합창단과 함께 합창한다는 소식을 듣고 남편과 함께 부산문화회관으로 달려갔다. 부산시립합창단 특별연주회로 '합창의 자격'이라는 주제로 노래를 듣고 또 함께 노래 부르는 음악회였다. 수석지휘자 김강규의 지휘에 맞추어 함께 하는 '오픈 리허설'은 나에게 큰 감동을 주었다. 준비된 악보를 보고 시립합창단과 함께 파트를 나누어 부르는 노래는 참으로 아름답게 들렸다. 앞으로도 이런 기회를 자주 만들어 보겠다는 지휘자의 말을 듣고 가슴이 설레고 무척 기대되었다.

나는 어릴 때부터 합창하는 것을 무척 좋아했다. 초등학교 4학년 때 학교 합창부에 들어가서 함께 노래 부르면서 합창의 기쁨을 맛보게 되었고, 그 후로도 이런 즐거움을 맛보면서 살아왔다. 고등학교 시절에는 어른들로 편성된 교회 찬양대가 얼마나 부러웠는지 모른다. 나도 빨리 어른이 되어서 찬양대에 들어가 찬양하게 될 날을 기대하면서 지냈다. 대학에 와서는 음악반에 들어가서 4부 합창으로 행복한 날들을 보내기도 했다.

합창을 한다는 것은 참으로 즐거운 일이다. 나의 목소리에 다른 사람의 목소리를 합하여 화음을 만들어내는 일은 얼마나 아름답고 감격스러운 일인가? 각자의 파트에서 연습한 것을 모아서 함께 소리를 낼 때는 환상적인 소리가 만들어져 부르는 이나 듣는 이가 함께 감동을 맛보게 된다. 교회 찬양대에서 하는 합창은 합창의 결정체라 생각된다. 이런 아름다운 목소리를 합하여 하나님을 찬양한다는 것은 얼마나 가슴 벅찬 일인가?

나의 인생은 음악으로 연결되어 있다. 언제나 노래를 부르면서 살아왔다. 우리 큰오빠는 아름다운 테너 음성을 가지고 멋진 가곡을 잘 불렀다. 내가 중학교 때 둘째 오빠가 외국에 나갈 일이 있었는데, 무엇을 선물로 받고 싶으냐고 물었다. 언니는 테니스 라켓을 사달라고 하고, 나는 전축을 사달라고 했다. 내가 받은 선물은 책상 위에 올려놓고 LP판을 얹어 노래를 듣는 작은 전축이었다. 나는 아침에 눈을 뜨면 음악을 듣고, 저녁에 집에 돌아오면 음악을 듣기에 빠져들었다. 그때 나는 아직 학생이어서 판을 살 돈도 없었는데 작은오빠가 사다 놓은 판 중에서 제일 좋은 것만 골라 듣곤 했다.

나의 합창 연주 활동도 많이 한 편이다. 초등학교 때의 합창대회, 교사 시절에는 아이들을 데리고 방송국에서 또는 합창대회에 나가서 상을 받기도 하고, 어머니 합창단을 조직하여 활동도 했다. 그리고 퇴직 하고는 사모 성가단에 입단하여 주 1회씩 찬양을 하고, 얼마 후에 미국의 여러 교회를 순회하며 연주회를 다녀오기도 했다.

몇 년 전부터는 시간적 여유가 생기면서 악기를 배워보고 싶은 생각이 들었다. 그래서 부산대학교 평생교육원에서 몇 개월 동안 플룻을 배웠다. 악기를 연주하는 것은 노래하는 것보다 더 어려웠다. 나는 시간을 내어 열심히 연습을 계속했다. 그러나 악기는 잘 다루지 못했고 지금도 플룻을 연주하는 사람을 보면 신기하고 부럽기까지 하다.

결혼하면서부터는 등산을 좋아하는 남편을 따라서 한 번씩 등산을 다녔다. 처음에는 등산이 너무 힘이 들어 억지로 따라가기도 했다. 그러다가 남편이 은퇴한 뒤에는 나도 등산을 좋아하게 되었다. 맑은 공기를 마시며 자연 속에서 하루를 보내는 것은 건강과 함께 많은 유익을 주었다. 몇 년 전에 지리산 종주를 하고부터는 등산에 자신도 생기고 이제는 그 기쁨도 맛볼 수 있게 되었다.

지리산 종주! 지금도 생각하면 가슴이 벅차오른다. 우리는 지리산 종주를 위해서 한 달간이나 연습했다. 가까운 금정산을 오르기도 하고 부산 종주를 하기도 했다. 드디어 지리산 종주를 시작하는 날, 얼마나 가슴이 설레는 순간이었던가! 우리의 일행은 10명이었다. 70대 2명을 포함하여 장로님, 집사님, 권사님 이렇게 모두가 한마음이 되어 서로 도우며 서로 격려하며 그렇게 산을 오르내렸다. 산장에서 잠을 자보는 것도 그때가 처음이었다. 한사람 몸을 누일 만큼의 좁은 자리에 담요 하나를 접어서 깔고 또 다른 담요를 하나 덮고 잠을 잤다. 하루 10시간가량을 무거운 등산 가방을 메고 걸었으므로 다리에는 알통이 베어 잠을 제대로 잘 수가 없었다. 지금 생각하면 꿈만 같다. 어떤 때는 좋은 날씨에 시간만 허락하면 내가 먼저 등산을 가자고 조르기도 한다. 등산은 몸도 마음도 상쾌하게 만들어주는 참으로 좋은 취미생활이라고 생각된다.

지난봄부터는 새로운 취미가 생겼다. 교회 열고 있는 '문예교실'에서 글을 쓰는 공부를 하고 있다. 나에게는 생소하고 좀 어려운 일이지만 나이 들어서 육체적으로 큰 힘 안 들이고(?) 할 수 있는 좋은 소일거리라는 생각이 든다. 아직은 별 재미를 느끼지는 못하지만 함께 참여하는 사람들은 서로 격려하며 글쓰기 공부에 참여하고 있다.

그러나 내가 무엇보다도 가장 좋아하는 것은 음악이다. 지금도 라디오에서 흘러오는 FM 음악을 들으면 나도 모르게 그 속으로 빨려든다. 그리고 일주일에 두 차례 나라 합창단과 복지관 우리 가곡 부르기에 빠지지 않고 참여해 노래를 부른다. 나는 내가 할 수 있을 때까지 노래 부르기를 계속하고 싶다. 주님이 나를 부르시는 날에 할렐루야 찬양을 하면서 갈 수 있다면 얼마나 좋으랴! "호흡이 있는 자마다 여호와를 찬양할지어다. 할렐루야." (시편 150:6) (2008)

흰 구름 양떼 같이

교대 동기생들의 1박 2일 가을 나들이!

마지막 코스인 관매도 '하늘다리'를 보기 위해 우리는 왕복 약 3km를 종종걸음을 쳐야 했다. 돌아갈 배 시간에 늦을세라 바쁘게 걸어 가쁜 숨을 몰아쉬다가 심호흡을 하며 하늘을 쳐다보았다. 어쩌면 그렇게 파란 하늘이 펼쳐져 있는지, 내 마음은 하늘을 날아오르는 듯하였고, 내 입에서는 저절로 노래가 흘러나왔다.

"저 하늘 흰 구름 양들이 되어서 조용히 떼지어 몰려다니네. 외양간 송아진 어디를 가든지 목동이 언제나 지키고 있지만 새파란 저 하늘 흰 구름 양들은 온종일 맘대로 놀러 다니네."

동기들 35명은 학창 시절로 되돌아간 듯, 저 하늘의 흰 구름 양떼들 같이 1박 2일을 맘대로 놀러 다녔다.

흘러가는 세월을 잡아놓은 것처럼 동기들과의 여행은 참으로 즐거웠다. 한동안 나는 남편의 목회를 돕느라 동기 모임에 제대로 참석하지 못했다. 그러다가 몇 년 전부터 동기 모임에 나가게 되면서 이제는 그 시간이 은근히 기다려지기도 했다. 지난해 여행을 마치고 돌아오는 길에는 총무의 짐까지 맡게 되었다. 30~40명의 여행을 준비하는 일은 쉬운 일이 아니었다. 엊그제 동기회 산행 모임에서 송도 암남공원을 걷고 돌아오는 길에 나는 친구 두 명과 함께 온천장 홈플러스에서 학생들의 소풍을 준비하듯 장을 보았다. 그리고 우리 집에서 여행용 간식 봉지를 정성껏 만들었다. 한 친구는 “이런 일을 해보니 참 재미있네.”라고 말했고 우리는 피곤한 줄도 모르고 기쁘게 일을 마무리 했다.

11월 23일 오전 8시, 동기들은 한양 프라자 앞에 모였다. 새벽에 만든 따뜻한 떡과 준비한 간식들을 남편이 태워주는 차에 싣고 약속된 장소로 갔다. 시간에 늦지 않게 친구들이 상기된 얼굴로 속속 도착했다. 우리는 모두 반갑게 인사를 나누며 버스에 올랐다. 차가 출발하자 준비한 떡으로 아침밥을 대신하고 과일과 간식 봉지를 나누어 함께 먹는 동안 차 안에서는 웃음꽃이 피어나기 시작했다. 여행할 때마다 재미있는 이야기를 준비해오고 난센스 퀴즈로 시간을 지루하지 않게 이끌어주는 친구가 참으로 고마웠다. 또 이번 여행을 위해 장소를 물색하고 친절하고 알뜰하게 여행안내를 해준 친구도 정말 고마웠다.

진도대교를 지나 호국의 유적지인 ‘울돌목’에서 바다 물결이 거슬러 파도를 일으키는 것을 보며 이

순신 장군의 지혜와 명량대첩을 되새겨보았다. '울돌목'이란 <소리를 내어 우는 바다 길목>이라는 뜻의 순우리말이라고 했다. 진도의 여러 가지 관광지를 둘러보면서 '신비의 바닷길'도 가 보았다. 우리가 갔을 때는 바다가 열리지는 않았으나 바닷속으로 길이 난다는 것은 흥미로운 일이다. 이 '신비의 바닷길'은 프랑스 사람이 와서 보고 놀라워하면서 '모세의 기적'이라 이름을 붙이는 바람에 유명한 관광지로 널리 알려지게 되었다고 한다.

우리는 남화의 대가인 소치 허련 선생이 말년에 거처했던 '운림산방'도 찾아가 보았다. 연못과 정원이 어우러져 조화를 이루며 한 폭의 그림처럼 잘 가꾸어져 있었다. 소치기념관에는 소치 선생의 가보가 그려져 있었는데 아들, 손자에 이르기까지 대를 이어 작품들이 전시되어있었다. 그 손자인 남농(南農)은 우리에게도 낯설지 않은 이름이다. 그리고 우리나라에서 손꼽을 만큼 낙조로 유명하다는 '세방낙조'를 보기 위해 전망대에 올랐다. 짙은 구름이 하늘을 가리고 있어서 노을이 보였다가 숨기도 해서 보는 이들을 맘조리게 했다. 그곳에는 만추의 석양을 렌즈에 담으려고 찬바람 속에서 찰나를 기다리는 사진작가들도 몇 보였다. 어느 한 분은 조금 전에 찍은 사진을 자랑스럽게 보여주었다. 카메라에 잡힌 낙조는 정말 아름다웠다.

우리는 구름 속의 저녁 해가 얼굴을 드러내기를 기다리며 함께 노래를 불렀다. 국악을 하는 영순이가 진도아리랑을 선창하고 친구들은 그 노래의 후렴으로 분위기를 돋우었다. "아리 아리랑 쓰리 쓰리랑 아라리가 났네. 아리랑 응응응, 아라리가 났네." 흥겹게 노래를 부르는 동안에 구름 사이로 노을은 숨바꼭질하듯 여전히 그 모습을 드러내기를 수줍어하고 있었다. 해가 완전히 서산으로 넘어간 뒤 우리는 숙소로 발길을 돌렸다.

다음 날 아침 일찍 우리는 관매도 관광을 위해 선착장으로 향했다. 관매도까지는 배를 타고 2시간을 가야 했다. 의자가 따로 없는 선실 바닥에 우리는 둘러앉았고 어떤 친구는 벽에 등을 기대기도 하고 어떤 친구는 누워서 잠시 눈을 붙이기도 했다. 선창을 통해 밖을 내다보니 크고 작은 섬들이 바다를 빙 둘러싸고 있는 풍경은 내 마음도 포근하게 감싸주는 것 같았다. 해외여행 어디에서도 보기 드문 빼어난 경치였다. 웃음보따리를 펼쳐가는 동안 2시간은 금방 지나 관매도에 도착했다.

관매도는 천연기념물인 후박나무가 군락을 이루고 있고, 밭에는 채소들이 찬바람도 아랑곳없이 푸르름을 자랑하고 있었다. 관매도에서 보낼 수 있는 시간은 단 2시간밖에 되지 않았다. 우리는 주어진 시간 안에 '하늘다리'를 보기 위해 발걸음을 재촉했다. 친구들은 오랜만에 땀 흘리며 걸었다고 마냥 즐거워했다. 그곳에는 '하늘 담'이라는 벼랑바위가 마주 보고 서 있고 그 양쪽을 이어서 다리가 걸려있었다. 하늘담은 얼마나 높은지 그 위에서 돌을 던지면 7초 후에야 수면에 떨어진다고 한다.

돌아오는 길에는 해국이 지천으로 피어 있는 해변

이 나의 눈길을 사로잡았다. 그 길은 지난해 12월 남편과 함께 걸었던 제주 올레길을 연상케 했다. 뱃머리가 가까워질 때는 파란 하늘에 흰 구름이 두둥실 떠 있었다. 상쾌한 바람이 땀을 식혀주어 마음도 한결 시원해졌다. 관매도에서의 짧은 시간을 아쉬워하며 우리는 배에 올랐다. 여행의 종착지는 출발지점이다. 인생의 여로도 그와 같은 것이 아닐까? 집으로 돌아오는 길에 섬진강 휴게소에서 저녁을 먹고 어제 아침의 출발지인 교대 앞에서 내렸다. 우리는 친구들의 찬조금으로 마련한 멸치 선물 보따리와 아름다운 추억을 한 아름씩 안고 헤어지며 다음 신년회에 또 만날 것을 기약했다. (2012.11)

교사로서의 보람

지난 5월 <부산교대 4회 졸업 50주년 기념대회>를 가졌다. 졸업한 지 벌써 50년이 지났구나! 생각하니 감회가 새로웠다. 서울로 제주도로 각지에 흩어져 살던 친구들이 이번 행사를 위해 60명이나 모였다. 멀리 일본에서 살고 있는 친구도 함께했다. 경주 '더 케이 호텔'에서 오랜만에 만난 친구들은 반갑게 인사를 나누며 이야기꽃을 피웠다. 만찬 후에는 여러 가지 기념행사도 있었다. 모두들 약간 흥분된 기분으로 밤이 늦도록 즐겁게 지내다가 다음날 경주, 울산 등을 거쳐서 부산으로 돌아왔다.

아이들을 가르친다는 것은 참으로 재미있는 일이었다. 아이들은 내가 하는 말을 잘 듣고 잘 따라주어서 날마다 보람찬 나날들이 이어졌다. 좋은 부모 만나 공부도 잘하는 아이들은 선생님의 칭찬만 있어도 저절로 잘 자라주었다. 그러나 그렇지 않은 부모 밑에서 자라는 아이들을 보면 마음이 아팠다. 그들을 어떻게 하면 도와줄 수 있을까? 준비물 챙기기, 숙제하기, 몸가짐이나 복장 문제, 손톱을 깎는 일에서부터 머리 빗는 일까지 신경 쓸 일이 한두 가지 아니었다. 나를 거쳐 간 아이들은 나를 어떤 선생님으로 기억하고 있을까? 나로 인하여 힘을 얻고 희망을 품고 잘 살아주기를 바랄 뿐이다.

때가 되어 전근하게 되었다. 새로 부임한 학교는 그 당시 A급 학교였다. 나는 3학년 담임을 맡게 되었다. 어느 날 오후, 교무주임 선생님이 부르셨다. 나에게 합창부를 맡아서 지도해 보라고 했다. 나는 대학에서도 음악반에서 활동하였고, 초등학교부터도 합창 활동을 해왔기 때문에 노래 지도에는 자신이 있었다. 그전에는 교무주임이 합창 지도를 하고 있었는데 시간도 부족하고 마침 내가 전근 왔으므로 나에게 그 직무를 주신 것이었다. 선생님은 합창부 모집과 반주 등 여러 가지를 적극 협조 하겠다고 말했다. 나는 합창부를 맡아서 열심히 지도하고 대회에 나가서 우수상도 받았다. 합창부 아이들을 데리고 가서 방송에 출연하기도 했다. 학교생활은 마냥 즐겁고 기쁜 나날들이었다.

그렇게 좋은 시절을 보내며 교사로서의 보람을 느끼고 있을 때, 남편이 열심히 다니던 직장을 그만두고 신학교에 가게 되었다. 신학교 졸업 후, 시골교회로 부임하면서 나는 교직을 사직할 입장이 되었다. 그런데 남편을 그 교회로 인도하신 목사님께서, 시골교회는 사모가 선생님인 것을 좋아할 거라고 하면서 나의 사직을 말리시고 교회 가까운 곳으로 전근하게끔 힘써주셨다.

그 학교는 전교생 200명도 채 안 되는 작은 학교였다. 직원들은 모두 부산으로 가고 싶어 하는데, 자원하여 경남 양산으로 전근 왔다고 나를 좋게 보아주었다. 나는 거기서도 아이들을 모아 합창 지도를 했다. 대회에도 나가서 상을 받았는데 지도자상은 제외되었다. 내가 외지에서 온 사람이라 차별 대우를 받았다는 것을 나중에야 알았다.

우리 교대4기 동기들은 졸업 20주년을 맞았을 때부터 동기회 모임을 조직하고 해마다 등산도 하고 여행도 하면서 아름다운 우정을 쌓아갔다. 그리고 은퇴 후에는 한 달에 한 번씩 만나서 걷기도 하고 점심도 먹으면서 즐거운 시간을 보내고 있다. 우리는 발전한 대한민국을 보면서 "우리나라 좋은 나라"를 외친다. 지난 10월 모임에는 스물다섯 명이 함께 지리산 뱀사골을, 11월에는 '예향' 통영을 다녀왔다. 이렇게 건강한 모습으로 만날 수 있음에 우리는 감사하며 마음의 위로를 받는다. 벌써 다음 모임이 기다려진다. (2016. 11)

첫 만남

친구의 소개로 결혼대상자를 만나러 가는 날.

아침 일찍 일어나 목욕을 하고 외출준비를 하고 미장원을 찾아갔다. 아뿔싸! 그날은 미장원 휴무일이었다. 첫 만남의 자리에 머리도 손질하지 못하고 어떻게 이런 모습을 보일 수 있을까? 참으로 난감했다. 시간은 되어 가는데 어쩔 수 없이 '내 모습 이대로' 약속장소에 갔다. 얼굴이 갸름하고 앉은키가 큰 사람이 앉아있었다. 나는 인사를 하고, 미장원이 문을 열지 않아서 머리 손질을 하지 못했다고 열심히 해명했다. 내가 성의가 없어서 이런 모습으로 나온 것이 아니라는 것을 말하고 싶었기 때문이다.

남편은 그때 내가 손짓까지 하면서 자연스럽게 이야기하는 모습이 퍽 인상적이었다고 나중에 말해주었다. 내가 어릴 때 놀다가 엎어져 다친 앞니에 보철을 입혔는데 이야기할 때마다 반짝이는 금빛 보철이 보기 좋았다고 말했다. 무슨 이야기를 나누었을까? 두 사람 모두 신앙인이 아니면 결혼하지 않는다는 '첫째 조건'을 갖고 있었기에 아마 신앙생활에 대한 이야기를 했으리라.

옛날에, 우리 할아버지는 그 마을에 맨 먼저 기독교가 들어왔을 때 집안의 반대를 무릅쓰고 기독교를 받아들였다. 그래서 우리 가족은 모두 기독교인이었다. 나는 엄마 뱃속에서부터 교회를 다녔고 자라면서도 언제나 교회를 중심으로 살았다. 그래서 내 결혼상대자는 당연히 교인이어야 한다는 생각으로 살았다. 교인 아닌 사람과 결혼을 한다는 것은 생각조차 못 해본 일이었다.

나에게는 내가 태어나기도 전에 우리 큰 언니와 결혼한 큰 형부가 있다. 형부는 나에게 신랑감을 소개하면서 만나보라고 말했다. 그런데 형부가 소개하는 사람은 교회 전도사들이었다. 형부가 목회자이기 때문이다. 나는 큰 언니가 교인들에게 마음 졸이면서 사는 것을 보고 나는 목회자에게는 시집가지 않으리라 생각하고 있었다.

또 내가 근무하는 학교의 교장 선생님께서도 좋은 사람을 소개해주었다. 한번은 신실한 교인이라고 소개하는 사람을 만나러 갔는데 그 사람은 머리에 기름을 지나치게 바르고 그 기름 바른 머리에 하얀 비듬이 내 눈에 띄었다. 나는 겨우 그 자리를 참고 조금 있다가 나왔다. 그 외에도 여러 차례 그런 일이 있었지만 내 마음이 내키지 않았다.

우리 집에서는 올해는 넘기지 말고 시집을 가야 한다고 여간 성화가 아니었다. 마음에 드는 결혼상

대자를 만난다는 것이 이렇게 어려운 줄 몰랐다. 나는 그저 신앙심 좋고 키 크고 마음씨 좋은 사람을 만나야 한다고 막연히 생각하고 기도하고 있었을 뿐이다.

그러던 어느 날, 친구가 내가 근무하는 학교로 찾아왔다. 자기 고모가 하숙을 치는데 하숙생 중에 좋은 사람이 있는데 교회 다니는 사람과 결혼해야 한다고 해서 나를 찾아왔다고 했다. 나는 친구의 성의를 생각해서 한번 만나보기로 하고 미장원이 쉬는 날에 키 큰 총각을 만나게 되었다.

나중에 친구한테서 들었는데 그 사람이 먼저 학교로 찾아와서 멀리서 나를 보고는 손가락을 딱 치면서 "됐다!"고 말했다는 것이다. 총각도 부모님이 서른은 넘기지 말도록 당부한다기에 우리는 결혼을 서두르게 되었다. 우리는 맞선을 보고 얼마 지나지 않아 상견례를 하고 해를 넘기지 않으려고 1971년 12월 18일에 결혼식을 올렸다.

그때 둘이서 마주 앉아 무슨 얘기를 했는지 기억

이 잘 나지 않는다. 만났던 장소도 잘 생각이 나지 않는다. 어느 날 남편에게 물어보았다. 우리가 처음 만난 다방이 어디였나요? 남편이 그 이름이 '무슨 구두…?'라고 해서 내가 '신데렐라' 하니까 그렇다고 했다. 남편은 얼마 전부터 사람 이름이 생각이 잘 나지 않는다고 했다. 때로 사람들 얘기를 하다가 이름이 생각나지 않아서 '김…'하면 내가 '김 누구'하고 말해줄 때도 있었다. 서로 묻고 답하고, 배우고 가르치며 45년을 살아왔다. (2016.12)

목회자의 아내로(1)

우리는 결혼하고 친정어머니의 도움을 받으며 직장생활을 하고 아이를 양육하며 신앙생활을 하는 평범한 가정으로 지냈다. 그러던 어느 날, 남편은 회사를 그만두고 신학교에 들어가 목회자가 되고 싶다고 했다. 나는 선뜻 응하지 못했다. 하나님의 일을 하는 것은 목회자가 아니라도 얼마든지 할 수 있다고 생각했기 때문이다. 당신은 장로로, 나는 권사로 하나님의 일을 하면 어떻겠느냐고 거부의 의사를 밝혔다. 왜냐하면 목회자의 아내로 살고 있는 나의 큰 언니의 생활이 너무 힘들고 답답해 보였기 때문이다. 남편은 몇 년 동안 계속 그 이야기를 하므로 할 수 없이 나는 동의하지 않을 수 없었다.

1981년 봄, 남편은 장로회신학대학원에 입학했다. 나는 부산에서 근무하며 생활하고 남편은 서울의 신학교 기숙사에서 3년의 공부를 마쳤다. 첫 목회지는 양산 대동교회였다. 그 교회는 동래중앙교회가 30주년 기념교회로 세운 교회로서 2대 목회자를 찾고 있었다. 남편은 목회자를 찾는 곳이면 어디든지 갈 마음의 준비가 되어있었다. 남편은 83년 12월 3일, 졸업을 앞두고 대동교회 전도사로 부임하고 이듬해 2월, 신학교를 졸업했다. 나는 목회자 아내가 되면 근무하던 학교에 사직할 생각을 했다. 그런데 동래중앙교회 신 목사님은 시골에서는 사모님이 교사인 것이 여러모로 목회에 도움이 될 것이라면서 교회 가까이에 있는 어곡초등학교로 전근을 할 수 있게 도와주셨다.

당시에는 우리 짐을 옮길 만한 사택이 아직 없었다. 나는 본의 아닌 별거 생활을 하며 2~3개월을 부산에서 출근하다 주말이면 양산으로 가서 주일을 보냈다. 월요일 새벽차로 다시 부산으로 오는 일은 여간 힘든 일이 아니었다. 그렇지만 그때는 그것이 힘든 줄도 모르고 즐겁기만 했다.

마침내 3월이 되어 나는 어곡초등학교로 전근을 하고 아이들도 어곡초등학교로 전학했다. 우리 교인 중에 자기 친척은 부산으로 전근하고 싶어서 여러 해 동안 신청해놓고 기다리고 있는데, 사모님은 부산에서 이곳 시골로 전근 왔다면서 놀라워했다. 그곳 학교는 전체 6학급의 작은 학교였는데 교사들은 모두 부산에서 출퇴근하고 있었다.

작은 동네 아주머니들은 거의 다 학부모들이므로 나를 반갑게 맞아주었다. 남편과 함께 교인 심방을 위해 길을 갈 때면 아이들이 쪼르르 달려와 "선생님, 안녕하세요." 하고 꾸벅 절을 했다. 아이들의 어머니들도 함께 인사를 했다. 남편은 약간 멋쩍은 듯 웃었으나 사모가 교사였기 때문에 마을 분들과 쉽게 가까워질 수 있었다. 나의 사직을 말리시던 신 목사님의 선견지명이 새삼 놀라웠다.

남편은 그토록 원하던 목회를 하게 되었으므로 매사에 열심을 다 했다. 온 정성을 다하여 교회와 교인들을 돌보며 교회의 발전을 위하여 기도와 심방에 힘썼다. 예배를 마친 후에도 책임 있는 교인들을 모아놓고 여러 가지를 의논하느라 많은 시간을 보냈다. 예배 마치고 목사님이 "잠깐 얘기 좀 합시다." 하면 교인들은 한자리에 모여 목사님의 이야기에 귀를 기울였다. 그런데 교인들에게 상황을 설명하고 그들을 이해시키기 위한 얘기는 좀처럼 끝나지 않았다. 교인들 가운데는 볼일이 보고 싶어 하는 사람도 있었다.

그런 일이 몇 차례 있고부터는 목사님이 "의논 좀 합시다" 하면 교인들은 먼저 화장실부터 다녀왔다. 그리하여 교회의 발전을 위한 의논은 시간 가는 줄 모르고 이어졌다. 교인 중에는 목장을 경영하는 집사님들이 여럿 있었는데 소에게 점심을 먹일 시간이 늦어지는 때도 있었다. 그들은 하루 세 번 소먹이를 주던 것을 하루 두 번으로 바꾸었다. 그럼에도 불구하고 소젖이 그대로 잘 나오는 것을 몇 차례 경험하고는 목사님 덕분에 소에게 먹이를 주는 일이 두 번으로 줄여졌다며 좋아했다.

교회에는 사택이 마련되어있지 않았기에 우리가 힘을 합하여 교회 마당 한켠에 자그마한 사택을 짓고 이사를 했다. 마당에는 감나무가 두 그루 있었는데 감이 얼마나 많이 열리는지 그 감을 따서는 교회에 도움을 준 몇 분에게 보내기도 하고 또 그 감을 항아리에 담아서 겨울 동안 찬양대의 간식으로 잘 먹었다. 그곳은 공기도 맑고 교회 옆으로 흐르는 냇물은 정말로 깨끗했다. 집에서 조금 나가면 화룡, 용선, 새터로, 가는 곳마다 경치가 아름다웠다.

대동교회에서의 나는 사모이면서 찬양대 지휘도 하고 반주도 하면서 목회를 도왔다. 그 마을에는 유치원도 없었으므로 어린이선교원도 설립하여 마을의 어린이들을 모아 유아교육도 했다. 요즘도 대동교회의 일들은 그리움으로 남아있다. 교인들의 가정을 심방 하는 일은 즐거움이었다. 목장을 경영하는 집사님 댁에서 젖소가 오줌 누는 것을 보고 깜짝 놀랐다. 그것은 마치 큰 물통을 한꺼번에 쏟아붓는 소리가 났기 때문이다. 크리스마스 때는 짚을 깐 경운기를 타고 멀리 떨어진 마을까지 새벽송을 다니며 청년들과 깔깔대곤 했다.

그렇게 꿈 같은 나날들을 보내느라 5년이라는 세월이 한순간에 흘러갔다. 어느 날 부산에서 장로님 몇 분이 찾아와서 남편을 자기네 교회로 청빙을 제안했다. 남편은 하나님의 뜻이라 생각하고 허락을 했다. 그런 일은 사전에 의논할 수 없었다. 우리가 첫 목회지를 떠나오던 날, 교인들은 헤어짐의 아쉬움으로 눈물을 흘리고 우리도 교회와 교인들과의 첫사랑을 생각하며 함께 울었다.

돌이켜보니 내가 목회자의 아내가 되리라는 것도 예상 못 했던 일이요, 또 정든 목회지를 옮기게 되리라는 것은 생각하지 못했던 일이다. 우리의 걸음을 인도하시는 하나님의 섭리와 사랑을 다시 한번 느꼈다. 오늘도 주님이 허락하신 터에서 주님의 뜻에 합한 사람으로 살아가리라는 마음을 다짐하며 날마다 시간마다 주님을 찬양하며 살아간다. 아, 하나님의 은혜로……. (2016.12)

목회자의 아내로(2)

우리의 걸음을 인도하시는 하나님의 은혜를 생각한다. 남편이 두 번째로 목회한 곳은 부산평강교회이다. 그곳은 개발 제한 지역이라 주변이 어수선하고 고물상도 더러 있고 들판은 비닐하우스가 많이 보였다. 양산에서의 아름다운 자연환경을 생각하니 약간은 실망스러웠다. 그래도 우리에게 주어진 사명이라 생각하고 기꺼이 감당해가리라 다짐했다. 그곳에서도 나는 양산에 있는 동산초등학교로 출퇴근했다. 사모로서의 일과 새벽기도도 하고 살림도 하느라 너무 힘들어서 감기를 달고 살았다. 나는 한참 지나고서야 너무 힘들면 감기에 잘 걸린다는 것을 알게 되었다.

그 교회당은 너무 낡아서 새 건물을 건축할 준비를 하고 있었다. 몇 년 계획을 세우고 차근차근 저축하고 있었는데, 교인들과 함께 의논하여 앞당겨 건축하기로 했었다. 우리도 그동안 저축해두었던 것을 모두 드려 건축하는 일에 힘을 보탰다. 교회당 건축이 끝나자 건축비가 많이 오른 관계로 앞당겨 건축한 것이 도리어 재정적으로 유익이 되었다. 입당 예배와 함께 임직식을 가졌던 날은 겨울이라 찬 바람이 불고 어수선한 상황이었지만 교인들에게는 큰 감격이었다.

남편은 그동안 건축하느라 너무 무리해서 그만 몸살을 내고 몸져누웠다. 그런데 좀처럼 회복이 되지 않아 울진까지 가서 한 달간 휴양을 하고 왔다. 그 일로 나도 그만 교직을 사직하고 사모의 일에만 전념하기로 했다. 그곳의 가정들은 어려운 사람들이 많았다. 심방 예배를 드리는 동안 무릎이 시려서 고생한 일이 생각난다. 어쩌면 이 추운 날씨에 이렇게 차가운 방에서 살고 있다니. 어렵게 살아가는 교인들을 보니 마음이 아팠다.

새 교회당을 아름답게 세우고 나서는 교인들이 부쩍부쩍 늘어났다. 처음 100여 명이던 교인이 120명, 150명, 180명, 그리고 200명을 훌쩍 넘기며 눈부신 성장을 이어갔다. 그즈음에 김해지역에 신도시가 건설되었다. 교인들은 새로운 주택을 찾아 한 가정, 한 가정 김해지역으로 이사를 갔다. 교회와 멀어지니 차츰 그들은 김해지역의 집 가까운 교회로 출석하게 되고 우리 교회 교인 수는 200명 아래로 떨어졌다.

그러던 어느 날, 뜻밖에 우리의 사정이 변하여 산성마을에 있는 조그마한 교회로 인도함을 받았다. 그곳은 경치가 아름다운 유원지였다. 교인들의 대부분은 주말이면 산성마을로 놀러 온 사람들에게 음식을 파는 장사를 하고 있었다. 그래서 오전 7시에 1부

예배를 드리는 교인들이 더러 있었다. 신앙이 자라는 것은 시간이 걸리는 일이었다.

그 교회도 오래된 건물이라 새 예배당을 건축할 준비를 하고 있었다. 우리가 부임하고 아름다운 교회당을 건축하기로 하면서 설계도도 새로 만들고 건축을 시작했다. 건축은 생각보다 어려운 일이 많았다. 시공업자가 경험이 없는 관계로 시행착오도 있었다. 그러나 마침내 완공하고 입당 예배를 드렸다. 그곳에도 사택이 없어서 이웃의 집에 세 들어 살았다. 산성마을에서 가장 아름다운 곳은 교회에서 '땅곡'으로 넘어가는 고개. 그곳에서 바라보는 노을은 가히 환상적이었다. 우리는 그 길을 '노을 고개'라 부르며 산책하기를 좋아했다.

새 교회당을 건축하고 나서는 마을 어르신들을 섬기기 위한 '노인대학'을 개설했다. 우리는 열심 있는 교인들 몇몇을 데리고 전국 노인대학 세미나에 참석하여 교육을 받았다. 고령화 사회에 접어들면서 노인들을 섬기는 일이 얼마나 중요하다는 것을 깨달았다. 교육을 받는다는 것은 경로대학에 큰 유익을 주었다. 경로대학에서는 교사들과 함께 각자에게 맡겨진 일을 담당하고 나는 노래를 지도했다.

뒤돌아보면 남편은 가는 곳마다 교회당을 건축했다. 첫 부임지 대동교회에서는 사택을 지었고, 둘째 부임지 부산평강교회에서도 새 예배당을 건축하고, 세 번째 금성동교회에서도 아름다운 새 예배당을 건축했다. 다윗은 성전건축을 위해 만반의 준비를 했으나 하나님의 허락을 받지 못하고 그 아들 솔로몬이 성전건축을 하지 않았는가. 그런데 남편은 부임하는 곳마다 교회당과 사택을 건축하고 어린이집도 운영했다. 그것은 하나님의 특별한 은총이었다.

나 또한 가는 곳마다 하나님께서 나에게 주신 달란트인 음악을 통하여 찬양대와 노인대학을 섬기는 일에 열심을 다 했다. 이렇게 목회자 부인으로서 남편을 보필하며 생활한다는 것은 인내와 절제가 요구되었지만 보람된 나날이었다. 목회자에게 개인적인 시간은 없었다. 우리는 12월 18일 결혼기념일을 제대로 챙길 겨를이 없었다. 사람들이 볼 때는 목회자는 한가한 것처럼 보이지만 하반기가 되면 벌써 새해를 준비해야 했고 크리스마스와 연말을 보내고 나면 사순절이 어느새 다가왔다. 우리는 늘 바쁜 시간을 보냈다. 그리고 해마다 크리스마스를 보낸 후에야 "결혼기념일이 지나갔네." 하면서 마주 보며 웃었다.

남편의 은퇴와 함께 나는 목회자의 아내라는 멍에를 내려놓고 이제 평교인으로 살아가리라 새로운 생활을 꿈꾸며 온천장에 거처를 마련했다. 우리는 새벽기도회도 다니기 편한 집 가까운 곳에 있는 교회로 출석했다. 새로 찾아간 교회에서도 우리의 신분이 알려져 나에게는 '사모'라는 호칭이 붙어 다녔다. 나는 그것이 부자연스러웠지만 어쩔 수 없는 노릇이었다. 마침 그 교회에서도 실버대학을 시작하고 있었기에 나도 거기에 동참하여 나의 달란트인 노래지도를 맡아서 보람된 시간을 보냈다. 찬양대원으로 봉사하기도 했다.

우리가 만 2년을 출석한 교단은 성결교단이었다. 우리는 교파를 초월하려는 자세를 가지고 열심을 다했으나 보이지 않는 교단의 벽은 높았다. 우리는 마음 편안하게 예배드릴 곳을 위해 간절히 기도했다. 그러던 중 우연히 만난 목사님의 인도로 거성교회에 출석하게 된 것이다. 하나님은 우리의 발걸음을 세밀하게 간섭하시고 인도하셨다. 나는 거성교회에서도 경로대학의 교사로서, 찬양대원으로서 내가 좋아하는 음악으로 섬김의 직무를 감당하고 있다.

은퇴라는 제도는 참으로 귀한 것이다. 은퇴 후의 삶이야말로 안식과 같다. 자원하는 마음으로 하는 섬기는 일은 즐거운 것이다. 나는 남편에게 말했다. "내가 이제야 사모로서의 대접을 받고 사는가 보다." 목회할 때는 그 자리가 힘들다고 느끼며 늘 마음 졸이며 살았는데 이제 편안한 마음으로 목회자들의 식사 자리에 함께 참석할 수 있게 되었다. 그동안 사모의 책임에 힘들어했는데 하나님의 은혜로 이제야 위로를 받는다는 생각이 들었다. (2016.12)

음악에 부쳐(An die Musik)

슈베르트의 가곡 중에 '음악에 부쳐'라는 곡이 오늘따라 내 마음을 흔들어놓는다. 우리 말 가사는 이렇다.

> 아름답고 즐거운 음악이여!
> 마음이 서글퍼진 어둔 때
> 고운 가락 고요히 부르면서
> 언제나 즐거운 맘 솟아나
> 내 방황하는 맘 사라진다.

누가 타고 있는 가락인지
뉘 지은 가락인지 몰라도
꿈결같이 끌리어 어느덧
불타는 정열의 나라로
이 마음 끌어갑니다.

나는 언제나 음악 속에서 살아온 것 같다. 내가 엄마 뱃속에서부터 찬송가 가락을 들었고, 어릴 적에도 엄마 품에 안겨서 엄마가 부르는 노래를 들으면서 놀기도 하고 잠들기도 했었지. 자라면서는 교회당에 가서 선생님이 가르쳐주시는 노래는 더욱 즐거웠다. 특히나 코가 크고 눈이 파란 선교사님과 함께 부른 노래들은 너무나 재미있었다. 그 노래는 스카우트들이 부르는 게임송이라는 것을 뒤에 알게 되었다. 마산 문창교회에서의 주일학교시절은 너무도 즐거운 추억으로 남아있다.

초등학교에 들어가서는, 4학년 때부터 합창부에 들어가서부터 음악에 빠져들게 되었다. 음악 선생님은 얼마나 열정적이었던지 우리들을 데리고 합창대회에도 여러 차례 출전하기도 했었지. 그때 부르던 노래는 지금도 생생히 기억난다. "장골산 달롱개산 삐비 뽑으러 가자"

진해로 이사를 와서, 중학교 시절에는 음악 선생님이 총각이었는데 그분의 결혼식에 축가를 부르기도 했다. 그로 인해 나는 여러 사람의 결혼식 축가를 더 불렀다. 내 작은 언니의 결혼식에서 축가를 부르다가 목이 메었던 일도 있었다. 지금 생각하니 철없던 시절의 일들이 더욱 부끄러움을 불렀다.

진해여고 시절, 해마다 열리는 학예회에서 나는 자주 독창을 부르기도 했다. 그때 같은 교회에 다니며 반주를 해주던 친구는 매주 한 번씩 서울까지 가서 피아노 레슨을 받고 있었고 서울에 있는 음대에 진학했다. 진해교회에서의 주일예배 시간에는 교회 찬양대가 부르는 찬양이 너무 좋아 나도 어서 고등학교를 졸업하고 찬양대에서 활동하고 싶었다. 내가 교대에 입학시험을 치르기 위해 피아노를 배우기 시작할 때는 독창 반주를 맡았던 그 친구가 지도해주어 많은 도움을 받았다.

부산교대에 진학하고는, 입학식 때 음악 선생님의 지휘하는 모습에 반했었다. 동아리 활동으로 음악반에 들어가서 여러 가지 노래도 배우고 합창 활동을 참 재미있게 했다. 좋은 선생님을 만나 화성학을 배우고 작곡법과 지휘법도 배우면서 반 친구들과 함께 하는 합창과 합주 활동은 너무나 재미있었다. 누구보다 먼저 학교로 가서 연습실에서 좋은 피아노를 골라 열심히 연습했다.

초등교사가 되어서는 수업을 시작할 때면 풍금에 맞추어 먼저 노래 한 곡을 하고 수업을 시작하면 아이들이 집중을 잘했고 수업은 늘 재미있었다. 음악은 언제나 나와 함께 있었다. 학교에서 합창지도를 하고 여러 번 대회에 나가서 상을 받기도 하고 아이들을 데리고 방송국에 가서 합창과 독창으로 방송에 출연하기도 했다. 처음 아이들을 데리고 방송국으로 가는 길의 버스 안에서는 아이들이 얼마나 떠들어대는지 내가 부끄러워서 견딜 수 없었다. 그래도 그 일은 즐겁고 행복한 시간이었다. 학교에서 전교 조례가 있을 때는 조례 대에서 내가 지휘를 하고 다 함께 애국가를 불렀다.

결혼하고 나서는 시아버님께서 내가 그처럼 갖고 싶어 하던 피아노를 선물로 사주셨다. 너무나 고마우신 아버님. 그러다가 남편이 처음으로 작은 시골 교회에서 목회하게 되었을 때, 사택에 피아노 놓아 둘 자리가 없어서 교회당에다 옮겨놓고 예배 시간에 그 피아노로 내가 반주를 하고 찬송을 불렀다. 우리가 그 교회를 떠나올 때, 그 피아노는 그 교회가 사용할 수 있도록 그대로 두고 왔다.

남편의 목회를 도우면서 나는 '사모 성가단'에 입단하여 합창 활동을 했다. 그때는 미국까지 가서 여러 교회를 순회하며 합창 선교에 임하기도 했다. 이제는 남편도 은퇴하고 여유시간이 생겼다. 이제 무엇을 할까 생각하다가 플룻을 배우기로 하고 평생교육원에 등록했으나 만만치 않았다. 3년을 배웠는데도 원하는 소리는 나오지 않았다. 그러나 취미생활은 계속되었다. '나라 합창단'에 입단하여 매주 연습실에 모여서 노래 부르고 때때로 공연도 했다. 일본에 가서도 두 차례나 공연하기도 했다.

내가 이십 대에 교회 찬양대에서 처음 정식 대원이 되었을 때는 날아갈 듯이 기뻤으나 내 나이가 칠십이 넘어 이제는 마무리할 때가 다가왔다. 그래도 노래부르기는 멈출 수 없고 하나님 찬양은 끊이지 않을 것이다. "호흡이 있는 자마다 여호와를 찬양할지어다. 할렐루야!" <시150:6> (2017.7)

파도에 실은 사랑의 노래

– 한일교류 음악회

4월의 벚꽃이 만발한 화창한 봄, 이른 아침 한아파트에 사는 단원의 남편이 운전하는 차를 타고 남편의 전송을 받으며 공항을 향하여 출발했다. 이웃에 있는 다른 단원들과 함께 약간 흥분된 마음으로 합창 연주회를 위하여 나서는 길이다. 길에는 안개가 자욱하다. 공항에서 다른 단원들과 지휘자 선생님을 만나고 출국 수속을 했다. 안개가 너무 심하여 한 시간이나 출발이 늦어졌다. 그래도 우리들의 들뜬 마음을 감출 수는 없었다. 나에게는 이번 일본 연주회는 두 번째 여행이다.

몇 년 전 이웃분의 소개로 부산대 앞에 있는 합창교실에 첫발을 디뎠다. 나는 아름다운 우리 가곡을 멋진 화음에 맞추어 노래하는 기쁨을 누리며 날마다 그 시간이 기다려졌다. 이 여성합창단은 지휘자가 음악 공부를 위해 일본에서 유학할 때 쌓은 인맥으로 <파도에 실은 사랑의 노래>라는 주제로 한일 교류음악회를 몇 차례 이어왔다. 일본의 남성 중창단과 우리 여성합창단이 함께하는 무대를 만들어 서로의 우정을 이어가고 있었다. 일본의 남성 중창단이 우리나라에 와서 함께 연주회를 가졌고, 우리가 일본에 가서 함께 공연하기도 했다.

첫 번째 연주 여행은 2013년 4월 초 토요일이었다. 딸아이의 차로 이웃에 있는 단원과 함께 6시에 출발하여 공항으로 갔다. 그때도 벚꽃이 한창인 일본 여행은 우리의 마음을 들뜨게 했다. 오전에 리허설을 하고 오후 공연이 시작되었다. 600석을 가득 메운 관중들의 우렁찬 박수로 성황리에 공연을 마치고 앙코르에 응답하며 보람된 시간을 가졌다. 음향시설이 좋아서 노래가 더 잘되는 것 같았다. 공연을 마치고는 두 팀이 함께 만찬을 즐기며 뒷얘기를 나누기도 했다. 그리고 4박 5일 동안 일본의 여러 곳을 관광했다. 지휘자 선생님이 일본을 잘 알아서 멋진 가이드가 되어 일반여행자로서는 볼 수 없는 곳으로 잘 안내해주어 좋은 여행이 되었다.

이번 여행은 안개로 출발이 늦어지는 바람에 11시 30분에야 겨우 오사카에 도착했다. 그래도 나라의 동대사와 사슴 공원을 구경하고 청수사도 둘러보았다. 청수사로 올라가는 길에는 일본 전통 옷을 입은 사람들이 여럿 오가고 있었다. 그들도 관광객들인데 일본 옷을 빌려 입고 관광하고 있다고 했다. 내가 전에 전주에 갔을 때 전주 한옥마을에 많은 사람들이 한복을 입고 다니며 사진도 찍던 광경을 떠올렸다. 이제 어디서나 전통 옷을 입고 구경도 하고 먹거리도 맛보고 기념사진도 찍으며 체험관광을 하는 시대인가보다.

다음날, 오전에 리허설을 마치고, 오후에는 지난번과 같은 극장에서 공연했다. 일본의 남성 중창단이 첫 무대의 막을 올렸다. 먼저 '아베 마리아' 등 성가곡들을 부르고 이어서 일본노래를 불렀다. 다음은 우리 차례였다. 새로 맞춘 드레스를 입고 우리 가곡 몇 곡을 자랑스럽게 불렀다. 그리고 세 번째로 일본팀이 부르고 네 번째로 우리 팀의 차례가 되었다. 이번에는 화려한 한복으로 바꿔 입고 우리 민요와 동요를 불렀다. 마지막으로는 양 팀이 함께 우리 노래 '고향의 봄'과 일본노래 '후루사또'를 불렀다.

객석을 가득 메운 관객들은 박수를 아끼지 않으며 격려를 해주었고 모두들 행복한 시간을 가졌다. 공연을 마치고는 만찬을 함께하며 서로에게 칭찬을 아끼지 않았다. 그리고 미리 준비해간 선물들을 서로 나누고 우리는 숙소로 향하였다. 숙소에서는 약간의 문제가 생겼다. 우리는 2인 1조로 짝을 지어갔는데 여기는 모두 1인실이란다. 혼자 자게 되리라는 생각을 하지 않았는지라 약간 걱정이 되기도 했다. 나이 많은 단원들이 만약 혼자서 샤워하다가 넘어지기라도 하면 어쩌나 하면서. 혼자서 자는 잠자리는 예상외로 호젓하고 좋았다.

다음날은 아주 오래된 시골 마을인 키노사키 온천 마을에 도착했다. 여기서는 일곱 곳의 온천을 순례할 수 있는 표를 받았다. 조용한 시골 마을인데 온천탕에는 사람들로 붐볐다. 그래서 우리는 먼저 마을을 둘러보기로 했다. 마을 가운데로 냇물이 흐르고 양쪽으로는 흐드러진 벚꽃들이 장관을 이루고 있었다. 다리 위에는 곳곳에 쉼터가 마련되어 있었고, 나뭇가지에는 등불이 곳곳에 매달려있었다. 코바야시 료칸에서 내어준 옷으로 차려입고 벚꽃을 배경으로 사진을 찍으며 즐기다가 시간이 되어 료칸에 돌아와 저녁식탁을 대하게 되었다. 다다미방에 앉아있는데, 일본 종업원들이 들어와 앞앞이 음식을 놓고 불을 붙이고 바로 앞에 꿇어앉아서 서빙 하는 모습이 신기하기도 하고 약간 마음이 불편하기도 했다. 왜냐하면 한 여자분은 나이가 많이 들어 보이고 피곤해 보이기도 했기 때문이다. 우리는 저녁 식사를 마치고 다시 밖으로 나왔다. 어두워지니 벚나무에 달린 각 등에 불이 들어와 밤경치는 더욱 환상적이었다.

다음날 이른 아침, 게다를 신고 일본 옷을 입고 산책하다가 한 동료가 넘어져 다치는 바람에 혼이 났다. 방으로 데려와 총무를 불러 치료를 하고 야단법석을 떨었다. 어쩌나! 아직도 여행이 더 남았는데. 그래도 우리는 동료를 방에 두고 불편한 마음이지만 온천을 했다. 또 다른 한 분은 부산에서 출발하기 전날 지하철에서 미끄러지면서 다쳤는데 시간이 갈수록 더 심해져서 총무와 일행들이 많은 걱정을 했다. 그럼에도 불구하고 한 분은 약을 바르고 반창고를 얼굴에 붙이고, 한 분은 휠체어를 타고 여러 곳을 구경했다.

합창을 한다는 것은 마음을 한데 모으는 일이다. 한마음으로 노래를 하면 아름다운 화음이 우리를 더욱 하나로 만들었다. 연습실에서는 둥그렇게 둘러앉아 노래를 부르는데 나의 맞은편에서 알토가 부드러운 음을 내면 그 소리가 나에게로 와서 내 소리와 어울려 내 마음이 황홀경에 빠진다. 내가 그 얘기를 했더니 알토에서도 그런 기분을 맛본다면서 합창을 하는 마음이 같다고 기뻐하며 하이 파이브를 했다. 나는 합창을 하면서 그때마다 행복을 맛본다. (2017.5)

송년의 밤 댄싱파티

2017년 한 해가 저물어 가는 12월 28일 저녁, 영주동 코모도호텔 그랜드볼룸에서 '웰빙댄싱 송년의 밤'을 가졌다. 내가 나가는 라인댄스 지도교수가 가르치는 4개 팀이 한자리에 모여 댄스파티를 열게 된 것이다. 이번 행사는 지도교수로서도 처음 해보는 일이고, 나도 이런 일은 처음이었다. 그동안 모두 열심히 연습해서 가족, 친구들을 초청하여 멋진 댄스파티가 되었다. 색다른 송년 행사는 회원들 모두에게 소중한 추억으로 간직될 것 같다.

새해 들어 처음으로 댄스 교실에 모였을 때, 우리는 지난 댄싱파티의 이야기를 하느라 시간 가는 줄도 몰랐다. 약간 들뜬 기분으로 그날의 이야기와 찍었던 사진들을 나누며 수업 시간이 훌쩍 지나고 있었다. 사실 이 일을 계획하고 이루기까지 여러 곡절이 많았다.

선생님은 네 팀 60명이나 되는 사람들의 마음을 하나로 모으며 주선하느라 힘이 들어 다시는 이런 일을 하지 않으리라 말하기도 했었다. 그런데 막상 행사를 치르고 나서는 돌아오는 연말에는 더 멋진 댄싱 파티를 갖도록 하자고 입을 모았다.

몇 년 전, 교대동기회 모임에서 어느 친구가 우리 함께 라인댄스를 배우러 가자는 말을 꺼냈다. 나는 처음에는 망설였으나 호기심이 발동해 함께하기로 했다. 친구들 십여 명이 양정동에 있는 동서대학교 사회교육원 5층에서 만났다.

선생님은 날씬한 체격에 키가 작은 편이었는데 우

리보다 나이가 많다고 했다. 그분은 대학에서 학생들을 가르친 교수로서 이화여대 체육과를 나왔다고 했다. 우리는 선생님의 가르침을 따르며 열심히 배웠다. 처음에는 잘되지는 않았지만 차츰 재미가 붙었다. 음악에 맞추어 춤을 춘다는 것은 상상 이상으로 신나고 즐거운 일이었다.

땀을 흘리며 열심히 춤을 추다 보면 운동도 충분히 되었다. 무엇보다도 선생님의 가르침이 마음에 들었다. 나이가 들어가면서 가져야 할 바른 자세에 대한 지도는 너무도 좋았다. 그 덕분에 우리들의 자세도 많이 좋아졌다. 우리들 보다 몇 년 앞선 인생 선배로서의 경험담도 마음에 새겨들을 만했다.

또한 열정도 대단해서 수업 시간에는 잠시도 쉬지 않고 앞에서 몸소 시범을 보여주었고 우리들은 그 모습에 반하여 더욱 열심히 배웠다. 자그마한 체구에 어디서 그런 젊은이 같은 힘이 나오는지 의아해할 지경이다. 나는 개근할 요량으로 부지런히 배웠고 어떤 때는 집에 와서도 연습을 할 정도로 재미가 있었다.

2년이 지났을 즈음에 다른 몇 분이 우리 팀에 들어왔다. 춤동작은 생각대로 쉽게 되는 것은 아니었다. 그들이 마음먹은 대로 잘 안 된다고 주저하는 것을 보고 내가 말했다. 나도 처음에는 그랬는데 당신들도 시간이 지나면서 차츰 잘될 것이니 용기를 가지고 열심히 해보라고 응원해주었다. 그들은 우리보다 나이가 서너 살은 더 되었는데 인정이 많고 마음의 여유도 있어서 마치고는 저녁도 함께 먹는 친밀한 사이가 되었다.

그렇게 라인댄스를 배운지 2년의 세월이 흘러 지난 연말에는 함께 송년 댄스파티를 가질 수 있게 되었다.

우리들은 매주 수요일 오후에 연습실에 모여서 선생님의 지도에 따라 여러 가지 춤동작을 배웠다. 여럿이 줄을 지어 혼자 춤추는 라인댄스, 둘이서 손을 잡고 춤추는 스포츠댄스 등 여러 가지를 배웠다. 차차차, 부르스, 왈츠 등등 이제는 음악이 나오면 저절로 몸이 움직여질 정도로 재미있어지고 있다. 이렇게 즐겁고 운동도 되는 춤이 있다는 것을 왜 진작 몰랐을까? (2018.1)

제3부

미주 찬양선교 여행

처음으로 해외여행을 하게 되었다. 1991년 2월, 25년 동안의 교직 생활을 마치고 교회 일에 마음을 쏟고 있을 때였다. 어느 봄날, 그동안 남편과 가까이 지내시던 목사님의 사모로부터 연락이 왔다. 내가 퇴직을 했다는 소식을 듣고 그분이 나가는 사모성가단에서 함께 합창 활동을 해보자는 제안이었다. 나는 합창을 좋아하는 데다 시간이 자유로울 때라 함께 해보기로 했다.

일러 준 날짜와 시간에 맞춰 대연동 유엔묘지 근처에 있는 연습실을 찾아갔다. 그곳에는 각 교회의 사모들이 모여서 찬양을 연습하고 있었다. 얼마 지나지 않아서 사모성가단은 미주 찬양 선교 여행을 위해 열심히 준비하기 시작했다. 매주 수요일, 연습실에 모여서 열심히 연습하고, 마침내 예정된 미주 찬양선교 여행의 날이 다가왔다. 경비 칠십만 원의 8박 9일 일정이었다.

92년 1월 21일 아침 9시, 김해공항을 출발하여 서울에서 비행기를 갈아타고 태평양을 건너 LA에 도착했다. 미국이라는 나라는 땅도 넓지만 모든 것이 커 보였다. 건물들이 너무 커서 놀라웠고 도로도 모두 넓게 잘 뻗어있었다. 부산의 빌딩들이 성냥갑 한 개 정도였다면 서울의 빌딩들은 서너 배 크기, 미국의 빌딩들은 열 개 크기도 더 되는 것처럼 느꼈다. 눈이 휘둥그레지고 머리가 빙글빙글 돌아가는 것 같았다.

우리가 맨 먼저 간 곳은 <LA 사랑의 교회>였다.

시차 적응도 안 된 상태에서 졸리는 눈을 겨우 참고 찬양 연습을 하고, 준비해 간 고운 한복으로 갈아입고 찬양 예배를 드렸다. 예배 후에는 정성스레 준비한 맛있는 점심을 대접 받았다. 그리고 쉴 새도 없이 <나성 영락교회>로 이동하여 찬양을 드렸다. 그날은 수요예배를 오전과 저녁에 두 번 드린 것이었다. 각 교회가 우리 사모성가단의 찬양을 위하여 예배 시간을 조절해 주었기 때문이다. 숙소에 들어와 짐을 정리하고 밖을 내다보니 수영장에서 수영하는 사람들이 있었다. 겨울인데 노천에서 수영하다니, 내심 놀랐다. 아침에 나와 보니 수영장은 김이 모락모락 올라오는 온천수였다.

다음날은 <바이올라 대학>과 <메모리얼 파크>, <헌팅턴라이버러리> 등을 구경했다. 모든 것이 신기하고 가는 곳마다 감탄이 우러나는 시간들이었다. 이틀날은 금요일인데도 <나성 한인교회>에서 찬양 예배를 드렸다. 그곳에서도 예배 시간을 변경하여 우리들을 맞이해 준 것이다. 이 모든 일을 주선해 주신 김형대 목사님과 여러분들에게 또한 감사를 드린다.

주일에는 미국인 교회 <레이크 힐 처치>에서 오전 예배를 드렸다. 그곳에서는 우리 사모성가단이 송영과 기도송, 찬양, 축도송까지 모든 찬양을 담당했다. 예배를 마치고 난 뒤, 우리 반주자가 오르간을 연주하기 시작했다. 교회당 밖으로 나가던 교인들이 오르간 소리를 듣고는 한 사람씩 교회당 안으로 다시 들어왔다. 그리고 오르간 연주가 끝나기까지 조용히 듣고 있다가 연주가 끝나자 우렁찬 박수를 보내는 것이 아닌가! 나는 너무나 그 광경이 감동적이어서 지금도 그 순간이 눈에 선하고 그 생각하면 가슴이 벅차다. 미국인들의 그 배려와 찬양을 사랑하는 마음이 너무도 고마웠다.

오후에는 <빌라델비아교회>로 이동하여 저녁 예배와 찬양을 드렸다. 우리는 가는 곳마다 정성스런 대접을 받고 감사의 기도를 드렸다. 월요일에는 <씨월드>에서 멋진 돌고래 쇼도 보며 즐거운 시간을 가졌다. 돌고래 쇼를 잘 보려면 아래쪽 스탠드에 앉아야 한다는 가이드의 말을 듣고 그렇게 앉았다가 돌고래가 뿜는 물세례를 받았다. 깜짝 놀라고 옷도 젖었지만 참으로 재미있는 시간이었다. 유니버셜 스튜디오에서는 영화 촬영에 대한 여러 가지를 관람하고 홍해가 갈라지는 광경을 보고 놀라기도 했다. 관광열차를 타고 여러 곳을 구경할 때는 안내원의 이야기를 듣고 사람들이 까르르 웃었지만 우리는 영문을 몰라 어리둥절하다가 나중에야 웃는 일도 있었다.

여러 관광지를 돌아보며 많은 것을 느꼈다. 가는 곳마다 긴 줄이 있었지만 모두가 즐거운 표정으로 줄을 서서 자기들 차례를 기다리고 있었다. 우리 중에 누군가가 우왕좌왕하다가 어느 아이와 부딪히는 일이 있었다. 그 아이의 엄마는 아이에게 "익스큐즈미"를 시키는 게 아닌가! 사실 아이의 잘못이 아니라 우리들이 잘못한 것이 아닌가? 사과를 받는 우리가 되레 미안했다. 그래서 우리도 미안하다고 했다. 외국인 앞에서 약간 부끄러웠다. 불과 열흘 동안의 선교 연주를 겸한 미국 여행이었지만 그들이 보여준 친절과 배려와 에티켓은 행복한 기억으로 깊이 새겨져 있다. (1992)

내가 나에게 길을 묻다

꿈속에 그려보는 그리운 고향! 나의 사랑하는 부모 형제. 나는 어디서 왔는가? 나는 자기보다 나를 더 사랑하시는 어머니의 막내딸로 태어났다. 해방의 물결이 전국 방방곡곡으로 퍼져나갈 때, 팔월의 열기가 아직 남아있을 때였다. 내가 갓난쟁이 때 내 몸에 노란 좁쌀 같은 것이 생겨 밤낮을 가리지 않고 울어 재꼈다고 한다. 어찌나 이악스럽게 울어대며 엄마를 힘들게 했던지, 밤에는 나를 윗목에 밀쳐놓고 잠들

정도였단다. 좀 순해지라고 이름도 순할 순(順) 자를 넣어서 지었단다.

내가 다섯 살 때, 작은 언니는 나보다 세 살 위이다. 나에게는 어리다고 아무것도 시키시지 않으셨지만 작은 언니는 몸이 불편하신 할아버지의 온갖 잔심부름을 도맡아 했다. 작은언니가 있으면 큰언니도 있었겠지. 그런데 큰언니하고 지낸 어린 시절의 기억은 없다. 큰언니는 내가 태어나기도 전에 시집가고 우리 집에 없었기 때문이다. 나보다 스무 살 위인 그 큰언니가 몇 년 전부터 편찮으셔서 병문안을 다녔는데 그때 조카에게 이런 얘기를 들었다.

우리 큰언니가 시집갈 때 온 동네가 떠들썩했다고 한다. 시댁의 혼수가 왔는데, 그때만 해도 보기 드문 트럭에 짐을 싣고 와서 온 동네 사람들이 다 모여서 구경했다고 한다. 우리 큰 언니는 그렇게 시집을 가서 큰 조카는 나와 동갑이다. 그 큰언니는 삼남 이녀를 두고, 형부의 뒷바라지와 아이들의 교육에 힘쓰셨다. 형부는 처음에는 양복점을 경영했는데 그 후에 신학을 공부하고 목회자가 되어 교회 일에 전념했다. 큰언니는 시골의 작은 교회부터 부산의 큰 교회에 이르기까지 사모의 역할을 감당하느라 애쓰는 모습이 힘들어 보였다. 큰언니는 친정의 맏딸로서 친정 동생들과 조카들을 사랑으로 돌보시고 많이 챙기셨다. 그러다 형부가 먼저 가시고 자식들의 봉양을 받으시다가 2016년 봄에 향년 91세로 돌아가셨다.

어쩌면 나도 큰 언니의 인생처럼 되었나 보다. 나는 큰 언니가 사모의 일에 힘들어하는 것을 보고, 사모는 하지 않으리라 했었는데, 지금 이렇게 사모가 되어있다. 남편도 처음에는 회사원이었는데 결혼 후에 회사원 생활 12년을 정리하고 신학교에 가서 목회자가 되고 나도 덩달아 사모가 되었다.

내 어린 시절은 작은언니와 셋째 오빠, 이렇게 삼남매가 엄마와 함께 재미있게 살았다. 엄마는 둘째 오빠 아래로 딸 셋을 낳으셨는데 그 딸들을 다 잃으셨단다. 그래서 둘째와 셋째 오빠 사이는 십 년 나이 차이가 있다. 그때 오빠 둘은 공부하느라고 부산에 가 있었다. 우리 집은 마산이었다. 아빠는 내가 다섯 살 때 돌아가셨다. 아빠의 이야기는 작은언니한테서 들었다. 엄마는 나에게 아빠 이야기를 해주지 않았다. 언니는 나보다 겨우 세 살 위인데 어떻게 아빠 이야기를 잘 알고 있을까? 아버지는 유기공장을 하셨는데 사업이 잘되어 큰집도 마련하고 논밭도 많이 사고해서 자식들 공부시키는 일에 보람을 가지셨단다. 그러다가 일제 말에 놋그릇을 군수물자로 공출당하시고 마음 상해하시다가 병을 얻으시고 육이오가 터지고 나서 돌아가셨단다.

엄마는 40세에 막내인 나를 낳으시고 44에 혼자되어 그 큰살림을 하시면서 자녀들을 결혼도 시키고 손자들이 자라는 것도 보시고 막내인 나까지 공부시키시느라 애를 많이도 쓰셨다. 그리고 나중에는 직장에 나가는 나의 살림까지 맡아 하시고 아이도 키워주시고 그렇게 32년을 사시다가 칠순 잔치도 하시고 76세에 내 곁을 떠나셨다.

지금 생각해보니 그 젊은 나이에 엄마는 큰딸을 시집보내고 장성한 두 아들은 객지에 공부시키느라 내보내고, 철없는 어린것들 셋 데리고 어떻게 살았을까? 그 생각만 하면 목이 메고 눈앞이 흐려진다. 엄마는 잠잘 때 나를 꼭 안고 주무셨다. 나를 안고 자면 따뜻해서 좋다고 하셨다. 아마도 먼저 간 남편을 생각하면서 나를 안으셨으리라. 아빠가 돌아가신 후로, 엄마는 자식들 키우시느라고 논, 밭을 하나씩 팔아서 생활하셨단다. 큰 형부 얘기로는 엄마는 늘 연약하셨는데 아빠가 세상 떠난 후부터 건강해졌다고 했다.

큰오빠는 공부하면서 가끔 집에 왔는데 그때 말을 탄 오빠의 모습이 정말로 멋져 보였다. 그리고 '동무생각' '꾀꼬리' 등 우리 가곡을 멋진 목소리로 잘 불렀다. 오빠는 공부를 마치고 군에 입대했는데 대구에 있는 미군 부대에서 근무하면서 가끔 맛있는 '씨레이션'을 가져다주셨다. 그 레이션은 작은 깡통에 들어있었는데 그 속에는 여러 가지 과자들도 들어있었다. 오빠는 거기서 강원도의 어느 아가씨를 집으로 데려왔다. 엄마는 큰아들을 자랑스러운 장남이요 가정의 기둥이라 큰 기대를 하고 있었다. 그래도 결혼을 받아들이고 잘 살았다. 큰오빠는 올케를 무척이나 사랑하셨다.

큰오빠가 첫아들을 낳았을 때, 엄마는 집안의 장손이 태어난 것을 무척이나 기뻐하셨다. 그리고 틈만 나면 "우리 장손, 우리 장손" 하시면서 자랑스러워하셨다. 큰오빠는 아들 둘을 낳고 그다음에 딸을 낳았는데 얼마나 좋았던지 이름을 '럭키'라고 지었다. 호적에 올릴 때는 '덕기'로 해야 했다. 큰오빠는 그렇게 4남 2녀를 두었다. 얼마 전에 조카딸에게서 이런 얘기를 들었다. "나는 막내 동생을 딸처럼 키웠다." 이 말에 내 가슴이 뭉클해졌다. 큰오빠의 사랑이 새삼 뜨겁게 느껴졌다. 큰오빠의 큰아들이요 우리 엄마의 장손인 큰조카는 미국으로 이민 가서 살면서 남동생 둘을 초청하여 그곳에서 살고 있다. 한참 지나 아버지도 들어오시게 해서 같이 살았다. 그러든 큰오빠는 미국에서 돌아가시고 유해를 운구해 와서 엄마가 묻힌 곳의 옆에 묻히셨다.

둘째 오빠는 외삼촌의 조언으로 해군사관학교에 입학하고 졸업 후 장교가 되어 진해에서 군 생활을 했다. 해군 장교로 멀리 배를 타고 외국으로 다녔는데 돌아올 때는 동생들에게 멋진 물건들을 선물로 주셨다. 내가 고3일 때 또 오빠가 외국으로 출장을 가게 되었다. 우리에게 무슨 선물을 받고 싶으냐고 물었다. 운동을 좋아하는 언니는 테니스 라켓을 사 달라고 했고, 음악을 좋아하는 나는 작은 전축을 사 달라고 했다. 그래서 오빠는 돌아오실 때 언니에게는 테니스 라켓을, 나에게는 공공칠가방같이 생긴 뚜껑을 열고 판을 얹으면 노래가 나오는 휴대용 전축을 사주셨다. 나는 그것으로 공부를 위하여 객지에 나와 있을 때 얼마나 위로가 되었는지 모른다. 오빠는 일남 일녀를 두시고 진해에서 서울로 전근 가서 서울에서 장성을 꿈꾸다가 뜻을 이루지 못하시고, 은퇴 생활을 하시다가 돌아가셨다.

셋째 오빠는 어린 시절 약 먹기를 힘들어했던 기억이 난다. 오빠는 딸 셋을 두고 두 딸을 시집보내고 지금은 막내딸과 살고 있다. 작은오빠는 음악을 좋아해서 취직하고 맨 처음 월급을 받았을 때 제일 먼저 전축을 사고 좋은 클래식 음반을 세트로 사 와서 음악감상을 좋아했다. 그 작은오빠 덕분에 나도 좋아하는 음악을 많이도 듣고 내 목소리를 녹음도 하면서 즐겁게 지냈다. 오빠는 교회에서는 찬양대를 지휘하며 즐거운 교회 생활을 했다. 또 교회 봉사에도 열심이어서 여름휴가 때마다 그 휴가 기간을 온전히 여름성경학교 교사로서 봉사하는 일에 열성을 다했다.

작은언니하고는 오랜 시간을 같이 지냈다. 언니가 학교 마치고 놀러 나갈 때는 언제나 나도 따라다니면서 재미있게 놀았다. 언니가 중학교 진학 시험을 위해서 학교에서 과외공부를 할 때는, 내가 저녁 도

시락을 가져다주곤 했다. 내가 중학생이 되었을 때는 언니가 나의 교복을 세탁하고 풀하고 다림질해서 언니와 둘이서 나란히 그 교복을 입고 학교로 오갔다. 작은 언니는 못 하는 것이 없었다. 운동도 잘하고 자전거도 잘 탔다. 또 바느질도 잘했다. 내 학교 가사 숙제도 언니가 거의 해주었다. 언니가 취직해서 옷이랑 화장품을 사면 내가 먼저 입어보기도 하고 아끼는 화장품을 아낌없이 쓰기도 했다. 그래도 싫은 기색 없이 나를 잘 받아주었다. 작은 언니는 결혼하고 딸 하나 아들 하나를 두고 잘 길러서 딸, 아들 결혼도 시키고 손자도 보면서 재미있게 살다가 몇 년 전에 아까운 나이에 돌아가셨다. 작은 언니를 생각하면 너무나 마음이 아프다.

내 사랑하는 어머니는 막내인 나까지 공부시키느라 애를 많이 쓰시고, 또 결혼도 시키고 직장생활을 하는 내 살림을 도우시느라고 나와 함께 사셨다. 이 못난 막내딸을 걱정하시느라 고생도 많이 하셨다. 그리고 칠순 잔치도 하시고 내 아이도 잘 키워 아이

들도 학교에 입학하고 공부 잘하는 것도 보시고 돌아가셨다. (2016)

나의 유년 시절

내가 유년 시절을 보낸 우리 마을의 모습이 한눈에 그려진다. 우리 마을에는 기와집이 두 채 있었다. 그중 검은 기와집이 우리 집이고 건너편에는 빨간 기와집이 있었다. 우리 집은 본채가 높다랗게 있고 긴 대청마루 아래에는 댓돌이 놓여있고 거기에 신발들이 놓여있었다. 마루 밑에는 장작이 가득 채워져 있었다. 마당 오른쪽으로는 부엌이 있고 부엌에도 땔감들이 가득 들어있었다. 부엌 옆에는 큰 우물이 있고 널따란 장독대가 있었다. 마당의 왼쪽에는 아래채가 있었는데 거기에는 다른 가족이 살기도 했다.

마을에는 공동우물이 있었는데, 사람들은 평소에는 그 우물물을 길어 먹다가 장 담그는 날이나 큰일을 칠 때는 우리 집 우물물을 가져다 사용했다. 우리 집 우물물로 장을 담그면 장맛이 그렇게 좋았단다. 집 밖으로 나가면 큰 내가 흘러가고 냇물 위로는 철교가 있었다. 가끔 기차가 기적을 울리며 지나간다. 철길에서 참으로 위험한 놀이를 하며 놀았다. 작은 오빠를 따라 큰 못을 가지고 철길로 올라간다. 철길 위에 침을 바른 못을 놀려놓고 기차가 지나가기를 엎드려서 기다린다. 기차가 지나가고 나면 철로 위에 납작해진 대못이 뜨거운 열기를 안고 우리를 기다린다. 그런 일을 몇 차례 반복하면 못은 납작한 철이 되어 스케이트 만드는데 요긴하게 쓰였다. 겨울 방학이 되면 작은오빠가 큰조카와 함께 나무 조각을 이리저리 붙여서 스케이트를 만들고 그 아래에 못으로 만들어진 철을 붙이고 냇가에 나가서 스케이트를 지치고 놀면 추위쯤이야 아랑곳없었다.

앞의 큰 내는 마을 사람들의 빨래터였다. 어느 날, 내가 조카 기저귀를 빨고 있었는데 옆에서 빨래하고 있던 아주머니가 내게 말했다. “동생 것은 아닌 모양이지?” 어떻게 알았을까? 어른들은 아이들의 마음을 꿰뚫어 보는 모양이다. 어느 해 큰물이 졌을 때는 무서운 기세로 흘러가는 물 구경을 나왔었는데 그 때 큰 돼지가 꽥꽥 소리를 지르면서 떠내려가는 것도 보았다. 냇물 건너편 신작로에는 말을 타고 가는 사람들도 가끔 볼 수 있었다. 그때는 이런 노래도 불렀다. ‘갓데 구루마 발통 누가 돌렸나? 집에 와서 생각하니 내가 돌렸네.’ 뜻도 모르고 아무 의미도 없이 말 타고 지나가는 사람만 보면 그렇게 부르면서 놀았다.

우리 집에서 다리를 건너 한참 가면 내가 다닌 초등학교가 있다. 학교 뒤로 우리 논과 밭이 있었다. 보리밭에서 서툰 솜씨로 보리피리를 만들어 불기도 했다. 밀과 보리가 익어갈 때는 밀사리를 해먹느라 입이 까맣게 되어 서로 쳐다보며 웃곤 했었다. 벼가 익어갈 때면 메뚜기를 잡아와서 마당의 가마솥에 구워 먹으면 고소한 맛이 참 좋았다. 집 앞의 공터는 아이들의 신나는 놀이터였다. 언니 오빠의 친구들과 땅따먹기도 하고 술래잡기와 고무줄놀이도 하며 엄마가 저녁 먹으라고 부르실 때까지 해지는 줄도 모르고 놀았다.

내 초등학교 시절은 꿈에 본 듯 아련하다. 초등학교 1학년 때 예방주사를 맞는 날이었다. 나는 주사가 무서워서 숨었다가 선생님께 들켜서 억지로 주사를 맞았다. 그때는 그 선생님이 무척이나 싫었다. 4학년 때부터는 합창반에 들어가서 열심히 노래 부르고 합창대회에 나가기도 했다. 그때 합창의 재미를 처음 알게 된 것이 지금까지 합창동아리 활동을 즐겨하고 있다. 5학년 때의 담임 선생님은 공부 시간에 시를 읽어주셨는데 그 선생님은 참으로 멋져 보였다.

방과 후 운동장에서 놀았던 일은 지금도 눈에 선하다. 자기 키보다 훨씬 높은 고무줄을 어쩌면 그리도 잘 넘었던지, 편을 갈라 놀이를 할 때면 나를 제일 먼저 뽑아갔다. 우리는 힘차게 노래를 부르면서 숨이 차도록 고무줄을 잘도 넘었다. 남학생들은 종종 우리들의 고무줄을 끊으며 심술을 부렸다. '할배붕알' 놀이도 했었는데 너무 열심히 놀다가 그만 마주 오는 아이와 부딪혀서 내 앞니가 부러지기도 했다.

요즈음은 가끔 내가 살던 그 집에 한번 가보고 싶어진다. 그러다가도 선뜻 가보지 못하고 있다. 그 집에서 낯선 사람이 나와서 나를 보고 누구냐고 물으면 무어라 대답할 것인가? 아니면 그 동네가 옛 모습을 다 잃어버리고 완전 다른 마을이 되어있을지도 모른다는 두려움도 있다. 그래도 언젠가는 한번 가봐야겠다. 나는 이원수의 '고향의 봄'을 생각하며 나의 고향을 다음과 같이 그려보기도 한다. '나의 살던 고향은 북마산 철교 옆 기와집/ 어머니는 아이들이 먹을 맛있는 음식을 만들고/ 우리들은 재잘재잘 그것을 맛있게 먹고 무럭무럭 자라던/ 그 시절이 그립습니다.' (2016)

엄마 손은 마술 손

어릴 적 나는 엄마가 가시는 곳이면 어디든 따라 다녔다. 엄마가 방으로 가면 나도 방으로, 엄마가 부엌으로 가면 나도 부엌으로, 마당으로 가면 나도 따라 마당으로, 엄마가 마실을 가실 때도 어김없이 따라갔다, 그렇게 나는 엄마 쫄쫄이였다. 엄마를 따라다니면 신기한 구경도 하고 맛있는 것도 먹을 수 있었다.

어느 날, 엄마를 따라 부엌으로 들어갔다. 엄마는

솥에 물을 끓이고 있었고, 큰 그릇에 반죽한 하얀 쌀가루 덩이를 그 솥에 조금씩 떼어 넣었다. 잠시 후 그것이 물에 떠 오르면 엄마는 그것을 살짝 건져서 팥고물이 펼쳐진 채반에 던진다. 그것을 몇 번 굴리고 나면 너무나도 부드럽고 입에 살살 녹는 인절미가 되었다. 그 신기하고도 놀라운 광경은 지금도 잊을 수 없다.

엄마 손은 마술 손인가 보다. 한참을 지나고서야 알았다. 그렇게 깜짝 놀랄 마술 같은 일은 많은 수고로 이루어진다는 것을. 오랜 시간 팥을 삶고 그것을 채반에 놓고 손바닥으로 살살 비비면서 부드러운 팥고물을 만드는 시간이 있었다. 그리고 찹쌀을 씻어서 가루를 만들고 힘을 들여 반죽을 잘해야 한다는 것도. 그렇게 해서 만들어진 팥인절미는 얼마나 맛이 있었든지 나는 그 맛을 생각하면 지금도 입에 군침이 돈다. 또 콩고물을 만들어 노란 콩 인절미도 잘 만들어주셨다. 콩고물로 만든 인절미는 크고 길다랗게 만들어서 두었다가 겨울철 화롯불에 구워 먹었다.

그 옛날 외갓집에 갔을 때의 일이 생각난다. 우리는 외가에 가는 길이 쉽지 않았다. 버스를 타고 한참을 가다 보면 건널 다리도 없는 강물을 만난다. 우리는 모두 버스에서 내리고 빈 버스를 먼저 강 건너편으로 뗏목에 실어서 보낸다. 그 후에 사람들은 배에 올라 강을 건너고, 다시 버스에 오른다. 지금도 눈앞에 그 광경이 생생하게 떠오른다.

이처럼 오랜 시간이 걸려 외갓집이 가까워지면 골목에서부터 떡 치는 소리가 들려온다. 마당으로 들어서면 사람들이 모두 나와서 반가이 우리들을 맞이한다. 엄마가 묻는다. 왠 떡을 치고 있느냐고. 그 대답이 나에게는 너무나 신기하고 놀라웠다. 아침에 까치가 요란스럽게 울어대서 반가운 손님이 올 줄 알고 부지런히 떡을 만들고 있다고 했다. 그 말이 얼마만큼 사실인지는 모르지만 그 떡은 마당 한가운데의 크고 둥근 나무판 위에서 만들어지고 있었다.

얼마 전에 큰언니의 딸인 큰조카의 말이 외할머니는 떡을 잘 해주셨단다. 어릴 적에 조카들이 떡이 먹고 싶다고 자기 엄마에게 조르면 엄마는 아이들을 외갓집으로 보냈다. 그때만 해도 별다른 군것질거리가 없었으니 외할머니가 만들어준 떡은 얼마나 맛있었을까? 나도 우리 엄마의 손에서 마술처럼 만들어지는 그 떡은 정말로 신기하고 그 맛 또한 놀라웠다. 또한 겨울이면 긴긴밤 방안에서 화롯불을 피워놓고 군밤을 구워 먹는 재미도 참 좋았다.

여름이면 엄마는 칼국수를 잘 해주셨다. 널찍하고 큰 도마 위에 밀가루 반죽을 놓고 크고 기다란 홍두께로 그 반죽을 이리저리 밀면 점점 넓게 펴져서 커다란 동그라미가 된다. 그것을 적당히 잘라서 칼로 쓱쓱 썰면 국수 가락이 되고 그것을 끓는 물에 넣으면 맛있는 칼국수가 되었다. 그 국물에 감자를 넣기도 하고 어떨 때는 호박이 들어있기도 했다. 여름철 저녁이면 마당에 있는 평상에 앉아서 뜨거운 칼국수를 후후 불어가면서 먹는 맛이란 또한 얼마나 좋았던가. 마당에는 모깃불이 피워지고, 나는 엄마 무릎을 베고 스스르 잠이 든다. 엄마가 나를 안아서 방으로 옮겨도 나는 그것도 모르고 깊은 잠에 빠져있었다.

내가 교사가 되었을 때, 가끔 직원 회식을 했다. 남자 선생님들은 보신탕 먹기를 좋아했다. 그런데 어떤 여자 선생님은 그것을 먹지 못한다고 내숭을 떨었다. 나는 아무 거리낌 없이 잘도 먹었다. 왜냐하면 어릴 적부터 여름철이면 엄마가 큰 가마솥에 맛있는 보신탕을 끓여서 온 가족이 함께 먹었기 때문이다.

엄마는 어쩌면 그렇게 맛있는 음식을 잘도 만들어 내시는지. 엄마 손은 마술 손인가보다. 그렇게 더운 여름에 식구들에게 맛있는 칼국수를 만들어 먹이는 것이 얼마나 힘들었던 것인가를 한참 지나고서야 알았다. 그때는 엄마가 만들어주는 것은 무엇이라도 별미처럼 맛이 있었다. (2017)

엄마의 음성

지난 추석 하루 전에는 삼 년 전에 돌아가신 시어머님 기일이어서 가족 모두 산소에 갔다. 나는 시댁에 갈 때면 엄마 생각이 났었다. 그리고 이번에 내가 시어머님 산소에 갔을 때 "순자야"하고 나를 부르는 엄마의 음성이 들렸다. 나는 엄마의 산소에 오랫동안 가보지 못한 것이 생각났다. 엄마! 미안해요. 내가 엄마를 생각할 때면 이 딸을 위해 한없는 사랑을 베풀어주시던 엄마의 음성이 들려오는 듯하다.

나는 우리 엄마의 6남매 중의 막내이다. 나는 일찍이 아버지를 여의고 엄마의 지극한 사랑 속에서 자랐다. 나는 다 자라서도 엄마 품에 안겨서 잠을 자곤 했었다. 그럴 때면 엄마는, 내 몸이 유달리 따뜻하다고 하시면서 나를 꼭 껴안고 남편같이, 딸같이 생각하신다고 했다. 그러는 동안에 세월이 흘러 철없는 어린애였던 내가 고3이 되었다. 친척 중에는 진주 사범을 나와서 교편을 잡고있는 오빠 한 분이 있었다. 엄마는 나도 그분처럼 부산교대에 가라고 말씀하셨다. 진해여고 우리 반 친구 중에는 서울에 있는 대학에 진학하려고 성악을 공부하는 친구가 방과 후에 음악실에서 레슨을 받고 있었다. 또 한 친구는 일주일에 한 번씩 서울로 비행기를 타고 가서 피아노 레슨을 받는 친구도 있었다. 나도 그들처럼 서울에 가고 싶었지만 우리 집 형편을 따라 어머니 말씀에 순종하여 부산교대에 입학했다.

막내딸을 객지에 보내야 하는 엄마는 내가 집 떠나 혼자 살아갈 것에 대비해서 이런저런 말씀을 많이도 하셨다. 그중에서 지금도 생생하게 기억하는 것이 있다. "혼자서 잘 때에는 문단속을 잘해라." "속옷은 사람들이 못 보는 곳에 널어야 한다." "음식은 이렇게 먹어라. 저런 것을 먹지 마라." 등등. 내가 학교에 가기 위해 진해에서 부산으로 가는 버스를 타러 집을 나서는 날이면 엄마는 나를 배웅하러 정류장까지 따라 나왔다. 그러고 엄마는 내가 탄 버스가 출발할 때까지 나를 지켜보고 있다가 차가 떠난 후에 집으로 가셨다. 나는 엄마가 너무 힘들 것 같은 생각이 들어 이제 혼자서도 잘할 수 있으니 그만 집에 계시라고 하면, 엄마는 말했다. "내가 이렇게 해야 나중에 내가 늙었을 때 네가 나를 잘 태워줄 것 아니냐?" 지금도 그 목소리가 내 귀에 쟁쟁하다. 그런데 나는 엄마가 나한테 한 것처럼 그렇게 정성스럽게 엄마에게 해드리지 못해 늘 죄송한 마음뿐이다.

대학에서는 미처 생각지도 못했던 여러 가지 보람된 일들이 많이 있었다. 좋은 친구들을 만나서 사귀게 되었고, 좋은 스승님도 만나고 올바른 인생이 어떤 것이란 생각도 하게 되었다. 친구들과의 여러 가지 추억들은 지금도 아련한 꿈속으로 나를 이끌어간다. 한새벌 교정 뒤편에 한가득 피어있는 코스모스 꽃밭에서 노래를 부르면서 꽃에 취하여, 노래에 취하여 시간 가는 줄 모르고 이야기꽃을 피우던 시절은 얼마나 행복했던가!

졸업 후에는 초등교사로 임용이 되어서 교사로서의 첫발을 내딛게 되었다. '처음 입사하여 어리둥절하던 시절……'이라는 어느 광고 문구처럼, 교사 생활은 그렇게 시작되었다. 결혼하고서도 엄마는 나의 살림을 도와주시고 우리 아이도 손수 잘 길러주셨다. 그리고 아이가 초등학교에서 공부 잘하는 모습도 보시며 흐뭇해하시다가 어느 날 하늘나라로 가셨다.

나는 오랫동안 여러 가지 일로 바쁘게 지내느라 엄마에 대한 고마움을 잊고 있었던 것 같다. 나는 목회하는 남편을 따라다니면서 사모의 일을 위해 교사직을 퇴직했다. 한참 후에 남편도 은퇴하면서 이제야 엄마의 고마움을 새삼 생각하게 되었다. 엄마가 내 곁을 떠나간 지가 벌써 삼십 년이 다 되어간다. 가만히 눈을 감고 있으면 지금도 나를 위해서 말씀하시는 엄마의 음성이 들리는 듯하다. 엄마는 지금도 하늘나라에서 나를 위해 기도하고 계시리라. 돌아오는 설날에는 오랫동안 가보지 못한 엄마 산소에 찾아가 뵈어야 하겠다. 산소에 가서 나에게 들려주시는 엄마의 음성을 다시 듣고 싶다. (2010.9)

첫눈 내리는 성묫길

1월의 마지막 날은 내 어머니의 기일이다. 남편과 함께 성묫길에 나서는데 비가 올 것 같아 걱정하면서 출발했다. 김해를 지나는데 진눈깨비가 조금씩 뿌렸다. 그러더니 점차 눈으로 변하여 차창 밖에서는 눈발이 휘날리며 시야를 흐리게 했다. 찻길이 미끄러울까 약간의 걱정을 하면서 차를 조심조심 운전했다. 지난겨울에는 눈이 내리지 않아서 아쉬워하며 지내던 터라 여간 반가운 게 아니었다. 김해를 지나

마산으로 접어들면서는 길가의 나무들이 온통 흰 눈을 뒤집어쓰고 나뭇가지에는 눈꽃이 화려하게 피어 있다.

얼마 만에 보는 눈 풍경인가? 우리는 몇 년 전 아이들과 함께 가족여행을 했던 서해안에서의 눈을 추억하며 남편은 조심스레 차를 몰았다. 어머니 산소는 창원공원묘원에 들어가 <경남선교 120주년 기념관>을 조금 지나서 있었다. 눈은 바람에 휘날리며 멋진 풍경을 만들어낸다. 산소에는 눈이 하얗게 내려 쌓였고 지난가을에 꽂아둔 꽃들이 눈을 하얗게 뒤집어쓰고 있었다. 준비해간 꽃을 엄마 묘비 옆에 놓고 기도를 드린다. 지난날 어머니의 한없는 사랑을 생각하며 감사의 기도를 드렸다.

내 어머니는 1981년 1월 마지막 날에 홀연히 내 곁을 떠나셨다. 그동안 우리 집에서 우리 아이들을 길러주시고 내 살림도 도와주시며 건강하게 지내셨다. 지난봄에 눈이 침침하다고 해서 안과에 갔더니 백내장이 시작된다고 했다. 그대로 두면 장님이 될 거라고 의사의 말에 어머니는 큰 충격을 받은 것 같았다. 엄마는 걱정이 되어 오빠에게 말해서 수술할 돈도 마련하고 수술할 날을 기다리고 있었다. 그런데 어느 날 저녁, 화장실 가는 길에 갑자기 깜빡 정신을 놓으시더니 아무 일 없었다는 듯이 다시 잘 주무시고, 다음 날 아침에 조용히 숨을 거두셨다. 내 기억으로는 사람이 숨을 거두는 것을 보지 못했기 때문에 이것이 무슨 일인지 감이 잡히지 않았다. 한참 후에야 엄마가 숨을 쉬지 않는다는 것을 알았으나 나는 너무 기가 차서 눈물도 나오지 않았다. 엄마의 손을 잡아보니 아직도 따뜻했다. 이제 엄마의 몸은 점점 식어갈 것을 생각하니 그제야 눈물이 그칠 줄 모르고 흘러내렸다.

엄마는 어제까지만 해도 사위의 기침을 낫게 해주려고 수수 조청을 만들고 있었다. 그것을 제대로 정리하지도 못하고 솥에 그대로 담겨있었다. 남편이 여기저기 연락하고 큰오빠가 와서 어머니의 시신을 마산 큰오빠 집으로 모시고 갔다. 나도 그길로 며칠

간 오빠 집에서 지내며 장례를 치렀다. 엄마는 생전에 원하시던 대로 앞이 훤하게 보이는 터에 누우셨다. 나는 그렇게 어머니를 거기에 묻어두고 집으로 돌아왔다. 집에는 끓이던 수수 조청이 솥에 그대로 있었다. 남편은 그것을 숟가락으로 떠서 먹었다. 큰언니가 그것을 보더니 "안 서방, 고맙다."고 했다. 처음에는 그 말이 무슨 뜻인지도 몰랐다.

엄마는 내가 결혼하고부터 우리 집에서 함께 살면서 나를 도와주셨다. 그런 어머니가 계시지 않는다는 것이 나에게는 너무나 생소하고 낯설게 느껴졌다. 아, 나는 이제 어떻게 살아야 하나. 시간이 흘러 시아버지도 돌아가시고 얼마 지나지 않아 시어머니도 돌아가셨다. 남편은 시아버지와 시어머니의 기일이면 어김없이 포항으로 가서 형제들과 추도예배를 드리고 성묫길에 나섰다. 어느 가을 어머님의 산소에서 기도를 드리고 있을 때 엄마가 나를 부르는 소리를 들었다. "순자야!" 나는 깜짝 놀라 뒤를 돌아보았는데 아무도 없었다.

나는 정신을 번쩍 차리고 엄마 산소에도 찾아가리라 다짐했었다. 그리고 엄마의 산소에 다녀오기로 마음먹고 길을 나섰더니 이렇게 서설을 풍성하게 내려 내 서러운 마음을 덮어주었다. (2019.2)

어느 토요일에 생긴 일

매주 토요일 정오가 지나면 나는 아이들을 데리러 학교로 간다. 오늘도 여니 때처럼 교문 앞에는 아이들을 마중 나온 가족들로 북적인다. 할머니나 할아버지인 듯한 분들도 있지만 대부분은 젊은 어머니들이다. 마침 오늘이 스승의 날이기 때문인지 꽃송이를 손에 들고 모교를 찾아온 중학생들도 몇 사람이나 눈에 띈다. 또 어떤 이들은 막대사탕을 한 움큼씩 쥐고 교문을 나서는 아이들에게 나눠주며 머리를 쓰다듬어주고 있다. 저만치 교회 차가 세워져 있는 것을 보니 아마 그들은 교회학교 교사들인 것 같다. 주일인 내일 교회학교에 빠지지 않도록 당부하고 약속도 하는 것이다.

12시 20분이 지나자 학교를 파한 아이들이 교문 쪽으로 쏟아져 나왔다. 나는 손주들을 찾느라 이리저리 두리번거리고 있는데 아이들이 먼저 나를 알아보고 뛰어와 반긴다. 오늘도 1학년인 상유가 맛있는 것을 사달라고 졸라서 나는 두 놈에게 핫도그를 한 개씩 사주었다. 이젠 집으로 가면 되는 것인데 둘은 무슨 할 일이 남았는지 "할머니 잠시요—."하고 가방을 나에게 맡기고 순식간에 어디론가 사라졌다. 교정에는 축구를 하거나 여기저기 나무 그늘에서 딱지치기하는 아이들도 보인다.

사람들은 하나하나 아이들의 손을 잡고 집으로 돌아가는데 나는 하는 수 없이 나무 그늘 벤치에 앉아 이놈들이 돌아오기를 기다릴 수밖에 없었다. 마중 나온 사람들이 거의 다 돌아가고 한참이나 기다렸는데도 아이들은 돌아오지 않는다. 운동장이나 놀이터, 나무 그늘에서 놀고 있던 아이들도 눈에 띄게 줄어들었다. 교정을 이리저리 둘러보았으나 아이들의 모습은 어디에도 보이지 않았다. 누가 데리고 간 것이나 아닐까? 나는 이상한 사람들이 초등학생들을 납치해 성폭행한다는 신문의 이야기가 생각나면서 나는 더욱 걱정스러웠다.

얼마나 기다렸을까? 내 생각에는 한 시간쯤이나 기다린 것 같다. 나는 전에 자기들끼리 집으로 왔던 일을 떠올리고 가방 두 개를 무겁게 들고 집으로 향했다. 학교에서 우리 집까지는 아이들 걸음으로 십오 분은 걸릴 것이다. 혹시 길에서 아이들을 만날까, 두리번거리며 집에 와보니 아이들은 아직 돌아오지 않았다. 나는 갑자기 다리가 후들거리고 어찌할 바를 몰랐다. 가방을 집에 두고 다시 아이들을 찾아 학교로 가보는 수밖에 없었다. 나는 뙤약볕 아래 땀을 뻘뻘 흘리며 학교로 가보았으나 운동장은 텅 비고 아이들은 보이지 않았다. 내가 아이들을 잃어버린 것이다.

내 딸 병옥이가 다섯 살 때쯤인가, 내가 수정 국민학교에 근무할 때의 일이다. 남편과 내가 출근하고 나면 우리 집에 함께 계시던 어머니가 아이를 돌보았다. 병옥이는 어릴 때 집을 나서면 뒤를 돌아다보지도 않고 발 닿는 데로 걷는 버릇이 있었다. 어느 날도 어머니는 병옥이를 잃어버리고 학교에까지 나를 찾아오셨고, 아이를 찾지 못해 내가 남편의 회사로 전화 연락을 한 적도 있었다. 한번은 오후 내내 잃어버린 아이를 찾아 헤매었는데, 나중에 알고 보니 나를 아는 학교 앞 문방구 집에서 아이를 재워놓고 있었다. 그때 손주를 잃어버리고 불안에 떨었을 어머님의 심정을 오늘에 새삼 되새겨본다.

할머니가 손주를 보아주는 것은 잘해야 본전이라는 말이 있다. 그만큼 아이들을 돌보는 일은 쉽지 않다는 의미이다. 나는 내 어머니가 우리 아이를 돌보아 주셨기에 나도 그 은혜를 보답하는 양으로 손주들을 돌보아줘야 한다고 생각했는데 그것은 그렇게 간단한 일이 아니었다. 나는 다시 학교로 갔으나 아이들이 보이지 않아 부득불 아이들 엄마 아빠(딸, 사위)에게 연락하기로 했다. 두 사람 중 하나는 퇴근해 집에 있을 것으로 생각하고 전화했는데 집 전화는 통화 중이다. 우리 집으로 전화를 해보아도 계속 통화 중 신호가 울리고 있었다. 나는 직감적으로 집으로 돌아온 아이들이 자기 엄마에게 전화하고 있다는 생각이 들었다.

집에 와보니 3학년인 큰손주는 아직 집에 돌아오지 않았고 상유 혼자 있었다. 상유는 사정을 이렇게 털어놓았다. 친구와 한참 놀다가 교문 앞으로 와보니 할머니가 보이지 않아서 오빠한테로 갔고, 오빠가 친구 집에 놀러 가지고 해서 함께 갔다가 자기는 먼저 집으로 돌아왔다는 것이다. 조금 있으니까 큰아이가 돌아왔다.

나는 상혁이에게 어찌 된 일이냐고 물었다. 상혁이는 할머니가 없어졌다고 교문 앞에서 울고 있는 상유를 달래서 친구 집으로 데려갔다고 대답했다. 아이들은 할머니를 잃어버리고 나는 아이들을 잃어버리고 한바탕 난리를 겪었다. 잘못은 내게 있었다. 시간관념이 부족한 아이들이 친구와 놀고 있는 동안 끝까지 기다리지 못하고 내가 서둘러 아이들을 찾아 나선 것이 문제를 만든 것이다.

오래 기다리는 것은 문제해결의 한 방법이 될 수 있다. 해외여행을 하다 혹 길을 잃으면 가이드는 일행을 찾아 나서지 말고 그 자리에서 무작정 기다리라고 말하던 일이 생각난다. 그러면 그곳 지리를 잘 아는 가이드가 낙오된 사람을 찾으러 온다는 것이었다. 그러나 그때까지 기다리지 않으면 그 사람은 국제미아가 될 수도 있는 것이다. 기다려준다는 것은 모두에게 귀한 일이다.

아이들을 기다려준다는 것은 선물을 하는 것보다 귀한 일이다. 키가 크고 지혜가 자라기까지, 생각을 정리하며 공손한 말과 차분한 행동을 배우기까지, 다른 사람을 배려하고 은혜를 깨닫기까지 기다려준다는 것은 아이들을 위해 기도하는 일이다. 기도하지 않고는 오래 기다릴 수 없기 때문이다. "사랑은 오래 참고…" 아이들을 돌본다는 것은 오래 참고 약속의 때가 찾아오기를 기다리는 것이다. (2010.5)

크루즈 여행

예약을 하고 5개월이나 지났다. 마침내 크루즈 여행 출발일이 다가와 오전 8시 출발 속초행 버스를 타기 위해 부산역 앞으로 나갔다. 아침 7시 30분, 부산역 앞 지하철 4번 출구에 가보니 많은 사람이 우리가 속초까지 타고 갈 버스를 기다리고 있었다. 부산에서만 열대가 넘는 버스가 속초항까지 가기로 되어있었다. 우리가 탈 버스는 9호차, 8시 정각에 우리 차는 출발했다.

나는 3,4년 전부터 동서대학 사회교육원에서 운영하는 라인댄스 반에서 열심히 운동하고 있었다. 그때부터 사전 준비를 하고 여러분들이 애를 써서 2019년 5월에 출발하는 L 관광에서 주관하는 크루즈를 예약하게 되었다. 일정은 5월 6일에 속초항에서 출발하여 블라디보스토크, 오타루, 아오모리를 거쳐 부산항으로 돌아오는 7일간의 일정이었다. 부산역에서 8시에 출발하여 중간에 점심을 먹고 긴 시간을 지나 드디어 속초항에 도착했다. 어마어마하게 큰 배가 우리를 기다리고 있었다. 이탈리아 유람선 '코스타 세레나'호였다. 이 배에 이번 크루즈 여행을 할 승객이 2,700명, 승조원과 승무원들이 1,000명이라고 했다. 한국어로 된 식당 메뉴판, 크루즈 이용 안내서, 날마다 배달되는 선상 신문 등이 모두 한국어로 된 서비스로 준비되었다. 그리고 다양한 부대시설, 3층으로 구성된 대극장에서 펼쳐지는 선상 특별 공연, 매일 대극장에서 펼쳐지는 코스타 쇼(뮤지컬 쇼, 마술 쇼 등), 즐길 거리가 아주 많다고 한다.

여권과 여러 가지 수속을 마치고 우리는 승선했다. 긴장과 흥분된 마음으로 정해진 객실을 찾아 입실하고 가방을 풀었다. 그동안에 하루를 해상에서 지내며 여러 가지 놀이와 춤과 맛있는 음식을 즐기며 시간 가는 줄 몰랐다. 배가 움직이고 있다는 것도 느껴지지 않았다. 저녁 10시에 객실로 신문이 배달되었다. 내일의 식사 안내와 저녁 정찬의 메뉴와 선상 스케줄이 나와 있었다.

선상 스케줄은 오전, 오후, 저녁으로 나누어 30분 간격으로 다양한 놀이와 치료와 운동과 댄스가 준비되어있어서 취향에 맞게 얼마든지 놀거리가 있었다. 또 배 안에는 하늘이 환히 보이는 수영장이 앞, 뒤에 있어서 수영복을 입고 수영을 즐길 수도 있고 둥근 온탕에서 몸의 피로를 풀기도 하고 사방의 식탁에서는 맛있는 음식을 간식으로 즐기는 사람들도 있었다. 그리고 탁구실도 있었다. 처음에는 어디가 어딘지 몰라 어리둥절했는데 하루를 지나고 나니 차츰 선상생활이 익어갔다. 저녁 만찬 시간에 웨이터가,

네프킨으로 반지를 만들어서 남편에게 주며 아내에게 끼워주라고 해서 뜻밖의 즐거움을 맛보았다.

둘째 날 오후 3시에 블라디보스토크항에 입항했다. 약 40명의 우리 조는 러시아 승전기념관을 구경하고 저녁 6시에 발레공연을 보았다. 전통발레와 현대발레를 겸한 '불새'는 발레와 함께 오케스트라의 연주가 일품이었다. 선택 관광 십삼 만원이 하나도 아깝지 않았다.

삼 일째, 오늘은 종일 일본의 오타루 항을 향하여 배가 움직인다. 자유로 주어진 하루, 선상 스케줄을 보며 즐길 거리를 찾아 여기저기로 기웃거렸다. 남편과 함께 탁구장으로 가서 단식도 하고 옆의 사람과 복식도 하면서 옷이 흠뻑 젖도록 즐겁게 운동했다. 그리고 나는 댄스하는 곳을 찾아갔더니 벌써 많은 사람이 신나게 춤을 추고 있었다. 나는 맨 뒷자리에서 겨우 비집고 춤을 추었다. 둘러보니 우리 팀들은 벌써 좋은 자리에서 신나게 춤추고 있었다. 오전 시간에는 댄스 레슨이 있었는데 멋진 이탈리의 남자가 리드하고 중간중간에 승무원들이 함께 우리의 레슨을 도와주고 있었다.

넷째 날, 아침 7시 일본 오타루에 입항하여 일본의 입국 수속을 마치고 순차적으로 하선하여 우리 조는 먼저 버스를 타고 삿포로 면세점에서 쇼핑하고, 다시 나무에 새잎이 돋아나고 민들레가 피어있는 초봄의 일본풍경을 바라보며 온천지역으로 갔다. 옷을 담을 바구니가 어색했지만 시원하게 온천과 노천욕은 참으로 즐거웠다.

다섯째 날, 아침 9시 반에 아오모리 항에 입항하고 조별 미팅 후 순차적으로 하선하고 아오모리 관광에 나섰다. 아오모리는 혼슈 북쪽에 위치한 문화와 자연이 어우러진 마을이었다. 버스를 타고 자연을 감상하며 히로사키 성과 전통가옥, 신사도 둘러보고 맑은 냇물이 흐르는 아름다운 숲속을 산책했다. 마음이 저절로 힐링이 되는 것 같았다. 그리고 300명이 타는 유람선을 타고 '토와다' 호수를 한 바퀴 돌며 봄의 아름다운 정경에 빠져들었다.

여섯째 날, 배는 종일 종착지인 부산항을 향해 가고 있었다. 저녁에는 크루즈에서의 마지막 정찬을 위해 정장을 차려입고 레스토랑으로 가서 지정석에 앉았다. 주문한 음식이 차례로 들어오고 우리는 맛을 음미하며 러브샷도 하고 기분을 내보았다. 식사가 거의 끝날 무렵에 위층 다락에서 즐거운 음악이 흘러나오고 댄서들이 흥겨운 춤을 추었다. 크루즈 여행은 먹고 춤추며 노는 것이었다. 남편은 '별로'라 생각했지만 나는 라인댄스 동료들과 함께 즐거웠다.

일곱째 날 아침, 어제저녁에 너무 신나게 놀아서 늦잠을 자서 늦은 식사를 했다. 밖을 내다보니 부산항이 보이기 시작하더니 한참 후에 국제여객터미널에 도착했다. 배 안에서 마지막으로 점심 뷔페를 먹고 하선하여 일주일 만에 일상으로 돌아왔다. 동행한 라인댄스 회원들은 똑같이 반복되는 집안일에서 해방되어 매일 차려주는 음식을 먹는 것이 즐거웠고 힐링이 되었다고 말했다. (2019.5)

올레길 걷기

결혼 40주년 기념으로 시작한 올레길 걷기가 올해로 8년째를 맞았다. 아껴가며 먹는 떡처럼, 한차례 3~4코스씩 걷기도 하고, 어떤 해는 쉬기도 하면서 지난해(2016년)까지 15코스를 걸었다. 마지막 21코스까지 남아있는 코스는 추자도를 포함해 일곱 코스, 흡사 숙제를 해치우려는 마음처럼 올레길 걷기를 기다렸다. 그러나 내가 찬양대원이기 때문에 크리스마스 칸타타 연습으로 이리저리 미루어지고 있었다. 송구영신 예배를 마치고 새해 첫날에 갈 예정으로 비행기표를 예약하고 게스트하우스도 예약했다. 그런데 출발 당일 뜻밖에 남편은 신경통으로 고통이 심해 비행기 출발을 하루 연기했다. 그다음 날 비행기는 오후 5시였던 것으로 기억한다. 이곳에 밤 9시가 가까워서야 예약된 게스트하우스를 찾아갔다. 깨끗하고 잘 정비된 시설이 마음에 들었다. 아침은 토스트로 각자가 챙겨먹는 곳이었다. 서 3일 동안 지내기로 했다.

다음 날 아침, 토스트로 아침을 먹고, 점심용 토스트를 준비하고 커피도 보온병에 담아서 드디어 길을 나섰다. 지난번에 마감한 16코스 시작점인 고내리를 찾아 나섰다. 숙소 근처에 버스터미널이 있어서 버스를 타고 갔다. 고내 포구 표지판에서 안내 리본을 따라 걸었다. 두 시간여를 걸으니 벌써 배가 고팠다. 길가에 있는 창고를 바람막이 삼아 옆에 자리를 잡고 아침에 준비해간 토스트로 허기를 달랬다. 걷다가 힘들면 “이 세상 나그네 길을 지나는 순례자, 인생의 거친 들에서 하룻밤 머물고” 찬송을 부르며 힘을 얻었다. 그러다가 경치가 좋고 기분이 좋아지면 또 찬송을 불렀다. “주와 같이 길 가는 것 즐거운 일 아닌가, 우리 주님 걸어가신 발자취를 밟겠네.”

한참을 걸어도 점심을 먹을 식당을 찾을 수가 없다. 쉬어갈 식당이 없으니 계속 걸을 수밖에 없었다. 드디어 16코스 마지막 지점인 광령1리 사무소까지 왔다. 시간은 오후 3시를 지나고 있었다. 근처에 식당이 있는데 몇 군데는 휴업이라는 글을 붙여놓고 문을 닫았고, 문을 연 한 곳은 3시가 넘었다고 음식을 줄 수 없단다. 가까스로 음식점 하나를 찾아 전골을 시켜 따뜻한 국물에 늦은 점심을 저녁으로 먹었다. 그리고 버스를 타고 숙소가 있는 곳으로 가서 목욕탕을 찾아서 다음날에 대비하여 근육의 피로를 풀었다.

다음날 다시 어제의 마지막 지점인 광령1리 사무소를 찾아 버스를 타고 갔다. 잘 만들어진 길을 따라 도두봉(섬의 머리)을 올랐다. 그곳에서 도두봉을 찾는 많은 사람들을 만났다. 가방도 없이 올레길을 걷는 사람들도 여럿 있었다. 이름표를 달고 도두봉을 오르는 학생 단체여행객도 있었다. 한참을 걸어 원도심을 지나 시장도 둘러보며 여러 곳을 구경했다. 용두암을 옆으로 보면서 드디어 17코스를 완주하고 18코스 출발지점인 제주 여객선 터미널에 도착했다. 이제 버스를 타고 숙소가 있는 곳으로 돌아가서 목욕도 하고 맛있는 저녁도 먹으리라 기대하며 배고픔을 달랬다. 내일은 집으로 가는 날인데 돌아가는 비행기 시간이 오후 4시여서 참으로 어중간했다. 우리는 공항에 전화를 걸어 돌아가는 시간을 저녁 8시로 변경하고 내일 하루를 온전히 걷기로 했다.

셋째 날, 일찍 준비하여 시간을 절약하려고 택시를 불러서 어제의 여객터미널로 갔다. 그리고 부지런히 걸었다. 사라봉을 오르고 별도봉산책로를 걸으며 푸른 채소가 싱그러이 자라고 있는 들판에서는 목청을 돋우어 노래도 불렀다. 마지막 지점인 조천까지 왔는데 겨우 오후 2시였다. 여기서 마무리하기에는 시간이 너무 남아서 19코스를 조금 더 걷기로 했다. 조금 가니 조천 만세동산이 나왔다. 전시관으로 들어가니 안내하는 사람은 아무도 없고 넓은 공간에 좋은 의자들이 놓여있고 영상관에서는 영화(덕혜옹주)를 상영하고 있었다. 아무도 없는 휴게실에서 한참을 쉬고 나서 다시 걸었다.

다음의 시작점을 쉬 찾기 위하여 함덕 해양연구소 버스정류장에서 버스를 타고 제주 여객선 터미널로 돌아왔다. 시간은 오후 4시를 지나고 있었다. 숙소에 와서 맡겨둔 트렁크를 챙겨서 택시를 타고 공항으로 가서 8시 출발 비행기에 올랐다. 아직도 올레길 숙제는 4코스가 더 남아있다. 올레길 걷기가 끝나면 이젠 어디로 걸어야 할까? 이 나이에 먼 길을 걸을 수 있다는 것은 특별한 은혜가 아닐 수 없다. (2018.1)

추자 올레길

제주도 올레길을 한 바퀴 도는 데 10년이 걸렸다. 내일은 마지막 코스인 추자 올레 걷기를 할 예정이다. 그러려면 배를 타고 1시간이 넘도록 가야 하는데 일기예보가 영 마음을 어둡게 한다. 지금도 비가 내리고 바람이 부는데 내일은 어떻게 될지 모른다고 한다. 어쩔 수 없이 내일 아침 7시 반이 지나야 출항 여부를 알 수 있다고 한다. 끝내 날씨가 허락하지 않으면 비행기를 타고 집으로 돌아가야겠다는 마음으로 잠을 청한다. 아침 일찍, 어저께 제주에 와있는 사위에게서 연락이 왔다. 바람이 잦아들어 추자도행 배가 출항을 한다면서 우리 숙소를 찾아와서 함께 추자 올레를 걷기로 했다. 배를 타고 상 추자항에 내려 <추자 섬 민박>에 전화를 했더니 트럭을 몰고 나와 우리를 그곳으로 인도했다. 점심 식사 후에 올레길을 함께 걷다가 사위는 저녁 약속이 있다면서 오후 배로 먼저 나가고 우리 둘은 다리를 건너 하 추자 올레길을 걸었다.

걱정했던 날씨는 맑은 날씨를 회복했다. 표시된 리본을 따라가면 어디나 올레길 걷기는 어렵지 않았다. 돌아갈 시간이 되어서 버스를 타려고 도로를 찾아 산길에서 내려왔다. 그곳에서 흰색의 큰 건물이 두 동이나 있었다. 마침 할머니 한 분을 만나 물어보니 그 건물은 학교 관사라고 했다. 그런데 지금은 초등학생이 6명밖에 없고 중학생은 십여 명 된다고 했다. 숙소로 돌아갈 버스를 기다리고 있는데 어떤 아주머니가 밀감을 가져와 우리에게 주며 자기 얘기를 늘어놓았다. 육지에서 사업을 하다가 망해서 2년만 여기서 살기로 하고 들어왔는데 지금 20년째 살고 있다며 자랑 아닌 자랑을 했다.

다음날 어제의 그곳 신양분교 입구에서 다시 나머지 올레길을 걸었다. 걷는 길에 천주교 제주교구에서 세운 <아기 황경한과 눈물의 십자가> 라는 길을 따라 '성지순례'도 해보았다. 황경한의 묘 옆에는 십자가상의 예수그리스도가 애절한 눈빛으로 나를 내려다보는 것 같았다. 날씨는 여전히 걷기에 좋았으나 가끔 짙은 구름 사이로 햇살이 비치는 것이 무슨 신비한 광경을 보는 것 같았다.

그러나 추자도가 자랑하는 멋진 일몰은 아쉽게도 볼 수 없었다. 추자도에는 길가에 여러 가지 꽃들이 벌써 봄 인양 피어있었다. 산뜻한 바람과 구름과 햇살이 조화를 이루는 하늘을 따라 가벼운 걸음으로 18-1의 종점인 여객터미널까지 왔다. 가방을 챙겨 터미널에서 <추자 참조기> 기념품도 사고 4시 반 배를 타고 나왔다. 약속한 대로 제주항에서 사위를 만나 공항으로 가는 길에 미리 알아둔 음식점에서 저녁을 잘 대접받았다. 우리가 부산에 도착하면 딸이 마중 나올 것이다. 올레길 걷기를 10년 만에 마감한다. 다음에 또 걸을 길을 찾아보아야지. (2020.2)

아내에게 바치는 노래*

두 사람의 의견이 거의 일치하기까지는 54년의 세월이 흘렀다. 완전한 일치는 미션 임파서블이다. 달라도 너무 달랐다. 가을이 깊어가는 어느 날 지인의 소개로 두 사람이 광복동 '신데렐라' 다방에서 만나고 두 달도 안 되어 결혼식을 올렸다. 둘 다 아침 일찍 출근하고 저녁 늦게 퇴근했으므로 느긋하게 데이트할 시간도 별로 없었다. 처녀도 총각도 혼기가 저물어가고 있었기에 양가 부모님들은 '해를 넘기지 말고 식을 올려라' 말씀하셨다. 너무 서두른 탓일까? '화성에서 온 남자와 금성에서 온 여자'가 만난 것 같았다.

그 '다름'이 그렇게 심각한 문제는 아니어도 태어

---

* 이 글은 ≪수필과 비평≫ 7월 호에 실린 「다름의 미학」을 제목을 바꾸어 게재한 것이다.

나서 처음 하는 결혼이었기에 낯가림 정도로 치부할 수만은 없었다. 하숙생과 자취생이었던 우리는 어느 날 서로가 사용하던 물건들－옷가지와 책들, 그리고 소소한 집기들－을 한데 모았다. 나는 석유난로를 들고 왔고 아내는 선풍기를 가져왔다. 남자는 겨울나라에 살다 온 사람 같았고, 여자는 아열대 지방에서 온 사람처럼 보였을 것이다. 나는 더위보다는 추위를 견디기 어려웠다. 아내는 추위는 수월하게 견뎌도 더위는 힘들어했다. 몇 년 전까지만 해도 여름에 함께 있으면 한 사람은 에어컨 온도를 좀 올리자, 한 사람은 좀 내리자, 는 것으로 의견이 엇갈렸다. 나는 에어컨을 켜놓고는 잘 수 없으나 아내는 선풍기나 에어컨을 켜놓고도 잘도 잤다.

신혼여행에서 돌아온 뒤 어느 날로 기억한다. 오래도록 하숙 생활을 하던 내게 아쉬웠던 것은 책을 읽고 글을 쓸 수 있는 환경이었다. 나는 책상과 좋은 의자를 사고 싶다고 말했다. 아내는 내 말은 들은 체 만 체 좋은 침대를 들여놓으면 좋겠다고 딴전을 펼쳤다. 화성에서는 책상이 귀했고, 금성에서는 침대를 구하기 어려웠을까? 나는 온돌방을 좋아했고 '침대는 과학'이라는 말을 그때는 들어보지도 못했다. 침대를 들여놓기는 여러 가지 사정으로 결혼 후 20여 년이 지난 뒤에나 가능했던 것 같다.

결혼하려는 남녀는 누구나 자기와 비슷한 대상자를 찾는다. 생각도 삶의 방식도 닮으면 행복한 삶이 이루어질 것으로 믿는다. 요즘은 자신의 가치와 미래에 대한 비전까지 공유하는 사람을 찾는 것이 이상적인 결혼에 바짝 다가서는 일이라 조언한다. 혈액형을 알아보는 것은 옛날얘기이고 이제는 서로의 MBTI를 대조한다. 그러나 아무리 많은 대화를 하며, 생각하고, 연구를 거듭할지라도 바라는 결혼의 조건들을 확실히 보장받을 수는 없다. 그저 긍정적인 쪽으로 짐작할 뿐이다. 결혼이란 이론적인 설명으로는 도저히 알아낼 수 없는 것. 인생사가 다 경험이 큰 스승이지만 결혼은 더더욱 살아 봐야 '아, 이것이 결혼이구나!' 깨닫게 된다. 그래서 누군가가 '실험 결혼'

이란 말을 생각해 낸 것일까?

언젠가 고령화 사회의 얘기를 나누다 우리가 은퇴하면 귀농하여 살자고 제안했다. 아내는 스카이라운지에서 차를 마실 수 있는 도시에 살고 싶다고 말했다. 달라도 너무 달랐다. 화성 출신과 금성 출신의 남녀 사이에 일치된 의견을 찾으려는 것은 우행이지만 두 사람에게는 한 가지 일치하는 점이 있었다. 그것은 여자도 남자도 '크리스천이 아니면 결혼하지 않는다'는 —어떤 경우에도 포기할 수 없는— 조건이었다. 하나님은 이런 믿음을 가진 처녀와 총각을 용하게 찾아내어 부부로 짝지어 놓았다. 일찍부터 생각하던 농촌의 꿈은 이루지 못했으나 나는 어느 날 직장을 떠나 목회자가 되었고, 아내는 교직 생활을 그만두고 '사모'가 되어 반세기를 함께 살아왔다.

산수의 언저리를 살면서 생각한다. 나는 어느 가을부터 억새처럼 돋아난 흰 머리카락은 볼 수 있었지만 내 얼굴에 주름이 새겨지는 줄은 한동안 몰랐다. 매일 세수할 때마다 들여다보는 거울은 늘 그 모습 그대로를 보여주었다. 진짜 거울은 따로 있었다. 어느 날 우연히 손주들과 나란히 거울을 들여다보면서 내 얼굴에 어떻게 주름이 잡혔고 검버섯이 어떤 지도를 그렸는지를 보고 깜짝 놀랐다. 인생은 자기도 모르게 변한다. 생각도 모습도 다른 사람이 되어간다. 언젠가 어떤 여행에서 식사하는 중에 식탁에 마주 앉은 아내의 친구가 '두 사람이 참 많이 닮았다'고 말했다. 무엇이 닮았다는 것일까? 옛날 어른들은 함께 살면 닮는다고 말했다. 어느새 지구에 안착한 것일까? 우리는 생각하는 것이나 말하는 것이 거의 일치하고 있다. 구태여 말하지 않아도 무얼 좋아하고 무엇을 싫어하는지를 알게 되었다.

나와 똑같은 사람에게는 아무것도 배울 수 없다. 서로 다른 이들은 서로에게 스승이 된다. 아내와 나는 미처 생각하지 못했던 아이디어를 서로 주고받을 때가 자주 있다. 그럴 때면 서로가 '번쩍하네!'라고 말하며 웃는다. 누구나 완전한 의견일치를 기대해서는 안 된다. 결혼생활은 다름의 미학이다.

살다 보면 선풍기도 필요하고 난로도 쓰인다. 여름에는 선풍기를 틀었고, 겨울에는 석유난로를 켰다. 이제는 전원생활이나 스카이라운지를 고집할 필요도 없다. 한 번씩 시골길을 달리다 황혼의 민박에서 전원풍경을 즐기고, 어쩌다 스카이라운지에서 차를 마시며 화려한 야경을 완상하기도 한다. 처음에는 둘이 하는 결혼을 혼자 사는 것처럼 착각했다. 결혼은 더불어 사는 것이다. 행복은 다양성이 낳는 선물이다. 8월이면 해방둥이 아내가 산수를 맞는다. 좋아하는 것은 무엇이라도 다 동원해 고마운 아내의 팔순을 축하해야겠다. 아직도 마를 새가 없는 거칠어진 손을 잡고 '젖은 손이 애처로워……' 아내에게 바치는 노래를 불러주고 싶다.

남편 안유환

한마디

아내는 수필을 쓸 사람이 아니었다. 산문보다는 오히려 운문 쪽에 가까웠다. 어떤 일을 풀어 설명하기보다는 간단히 몇 마디로 적는 것을 좋아했다. 오랜 세월이 지나 '그때 우리가 무엇을 했을까?' 물으면 아내는 가계부를 펼쳐보고 기억을 되살려주었다. 가계부 상단에는 몇 줄씩 메모로 그때 일을 적어놓곤 했다. 나는 그것을 '운문'이라 말해주고 싶다.

어쩌다 글을 쓰라면 아내는 몇 줄에 그치고 말았다. 더 할 말이 없다는 것. 내 생각에는 그 몇 줄을 풀어내면 한 바닥의 글이 될 것 같았으나 그러지 못했다.

내가 은퇴하고 출석하는 교회의 전도 프로그램의 일환으로 <문예교실>을 열었을 때였다. 10여명의 수강생들이 모였지만 다른 사람들도 대부분 아내와 다름없이 한편의 글쓰기를 아득하게 생각하는 것 같았다. 나는 우선 브레인스토밍처럼 무엇이나 생각나는 대로 -문장은 생각하지 말고- 적어 오라고 숙제를 냈다. 그러나 여러분이 쓴 글은 아무에게도 보여주는 것이 아니며, 내가 읽어보는 숙제는 아니라고 말했다. 놀라운 일이 일어났다. 쓸 것이 너무 많다는 것이었다. 아내도 빼곡히 쓴 글이 A4용지 두 장을 훌쩍 넘겼다.

이런 일을 몇 차례 반복하면서 글쓰기의 두려움을 떨어냈다. 수강자들이 맘대로 써 내려간 글 가운데 좋은 생각, 즐거운 기억, 친구에게 이야기해주고 싶은 것들을 가려내어 한편의 글을 만들어보라고 했다. '수필 쓰기'는 그렇게 시작되었다. 아내도 3학기 동안 공부했으나 글쓰기는 체질에 안 맞는 모양이었다. 그것으로 끝이었다. 어느 날 아내는 연금공단에서 날아온 '글쓰기 소식'을 들었다. 나는 차제에 좋은 선생님들의 말씀을 듣고 글쓰기를 마무리해보라고 권했다. 몇 달이 흘러 강의는 끝나고, 수강생들의 글 한 편씩을 실은 책도 받아왔다.

올해 팔순을 맞는 아내가 무슨 흔적이라도 남기는 것이 좋을 것 같아 그동안 쓴 글을 정리해보도록 했다. 한참 시간이 흐른 뒤 써 놓은 글들을 받아보니 58편이나 되었다. 한 권의 수필집이 될 만한 분량이었다. 스스로 퇴고하도록 한 뒤에 다시 원고를 살펴보았다. 아내는 수필가가 되기는 어렵다는 생각이 들었다. 아무리 주제가 좋아도 '가계부에 쓴 시처럼' 글이 제대로 되지 않은 원고를 한편씩 빼내다 보니 남은 것은 절반밖에 되지 않았다.

아내는 글쓰기보다 노래를 좋아했다. 어릴 때부터 오늘까지…. 중학생 때부터는 담임선생님을 비롯해 여러분의 결혼 축가도 불렀다. 아내의 원고를 들여다보고 있으면 수필을 쓰는 것이 아니라 노래를 부르는 것으로 착각할 만큼 거의 모든 원고에서 노랫소리가 들린다. 꽃을 가꾸고 노래를 부르며 교회를 중심으로 살아온 흔적이 아름다워 보인다. 그러나 노래가 글이 되는 것은 아니다. 글을 써보려고 애를 쓰는 것 같았지만 노래만큼 좋은 결과를 내지는 못했다.

내가 권한 일이기에 모든 원고를 다 폐기할 수는 없었다. 그동안 나름대로 고심한 아내의 정성을 보아서도…. 수필집을 낸다는 것은 자기 마음을 열어 보이는 일이다. 비문은 손을 댔지만 되도록 아내의 글솜씨를 그대로 살려두었다. 아내가 남편처럼 될 수 없듯이 남편이 아내와 같을 수도 없다. 아내는 나만큼 글은 못 쓰지만, 나는 아내만큼 노래를 잘 부를 수 없다. 손주에게 들려주는 할머니의 이야기처럼 어설픈 곳도 있지만 이만큼 써낸 아내에게 축하의 박수를 보낸다. 주님 앞에 설 때까지 건강하게 잘 걸어가도록 늘 기도한다.

2025년 7월 10일

남편 안유환